99 SÉRIES CLÁSSICAS PARA APRESSADINHOS

CB020439

99 SÉRIES CLÁSSICAS PARA APRESSADINHOS

THOMAS WENCELEWSKI

Tradução e adaptação de Ota

1ª edição

GALERA RECORD
RIO DE JANEIRO • SÃO PAULO
2013

CIP-BRASIL. CATALOGAÇÃO NA FONTE
SINDICATO NACIONAL DOS EDITORES DE LIVROS, RJ

W499n
Wengelewski, Thomas
99 séries clássicas para apressadinhos / Thomas Wengelewski; traduzido
e adaptado por Otacílio d'Assunção Barros. – 1ª ed. – Rio de Janeiro:
Galera Record, 2013.
205 p.: principalmente il.
Tradução de: 99 classic TV-series for people in a hurry
Texto em quadrinhos
ISBN 978-85-01-09572-5
1. TV - séries - Histórias em quadrinhos. I. Wengelewski, Thomas. II. Título.
III. Noventa e nove séries para apressadinhos.

13 - 02776. CDD: 741.5
CDU: 741.5

Título original:
99 Classic TV-series for People in a Hurry

Copyright © NICOTEXT 2010
Publicado mediante acordo com Lennart Sane Agency AB
Todos os direitos reservados
Texto: Thomas Wengelewski
Texto revisado segundo o novo Acordo Ortográfico da Língua Portuguesa.

Direitos exclusivos de publicação em língua portuguesa somente para o
Brasil adquiridos pela
EDITORA RECORD LTDA.
Rua Argentina, 171 – Rio de Janeiro, RJ – 20921-380 - Tel.: 2585-2000,
que se reserva a propriedade literária desta tradução.

Impresso no Brasil
ISBN 978-85-01-09572-5

Seja um leitor preferencial Record.
Cadastre-se e receba informações sobre nossos
lançamentos e nossas promoções.

Atendimento e venda direta ao leitor:
mdireto@record.com.br ou (21) 2585-2002.

Índice

Adivinha? Agora você tem a incrível oportunidade de criar seu próprio índice. Use uma caneta enquanto estiver lendo e anote o número da página ao lado de cada título. Genial, nós sabemos, mas não precisa agradecer.

24 Horas
30 Rock
A Família Addams
A Família Buscapé
A Família Sol, Lá, Si, Dó
A Ilha dos Birutas
Além da Imaginação
Alf, o ETeimoso
Ally McBeal
Anjos da Lei
Anos Incríveis
Arquivo X
Arrested Development
As Panteras
Assassinato por Escrito
As Supergatas
A Supermáquina
Automan
Barrados no Baile
Battlestar Galactica
Beavis e Butt - Head
Benny Hill
Black Adder
Buffy, A Caça-Vampiros
Caras & Caretas
Cheers
Chumbo Grosso
Cosby
Dallas
Days of our Lives

Desperate Housewives
Dharma Greg
Dinastia
Emmerdale Farm
Esquadrão Classe A
Everybody Loves Raymond
Falcon Crest
Fama
Família Soprano
Frasier
Friends
Grey's Anatomy
Guerra, Sombra e Água Fresca
Happy Days
Heroes
Home Improvement
Honeymooners
House
Ilha da Fantasia
I Love Lucy
Jornada nas Estrelas
Justiça em Dobro
L.A. Law
Lassie
Leave it to Beaver
Life on Mars
Lost
Magnum
M*A*S*H
Melrose Place
Miami Vice
Missão Impossível
Neighbours
New Tricks

No Calor da Noite
Nova York Contra o Crime
O Barco do Amor
O Incrível Hulk
O Rei do Pedaço
Os Gatões
O Show dos Muppets
Os Pioneiros
Os Simpsons
Plantão Médico
Profissão: Perigo
Roseanne
Sanford and Son
Scrubs
Segura a Onda
Seinfeld
Sex and the City
S.O.S. Malibu
South Park
Spin City
Táxi
That 70's Show
The Jeffersons
The Office
Third Rock from the Sun
Três É Demais
Tudo em Família
Twin Peaks
Uma Família da Pesada
Um Amor de Família
Um Maluco no Pedaço
V
Walker, Texas Ranger
Weeds
West Wing: Nos Bastidores do Poder

8

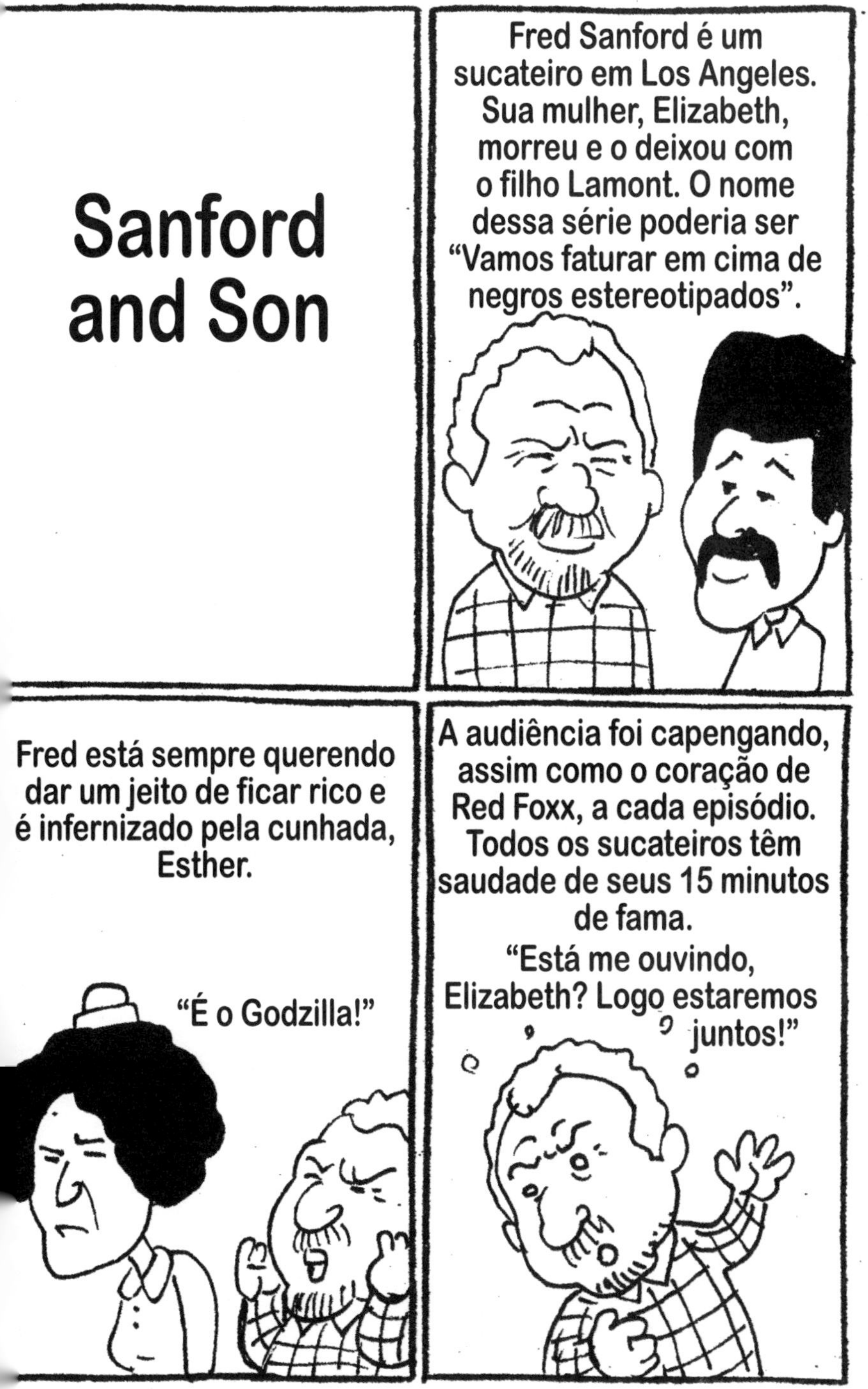
Sanford and Son
Fred Sanford é um sucateiro em Los Angeles. Sua mulher, Elizabeth, morreu e o deixou com o filho Lamont. O nome dessa série poderia ser “Vamos faturar em cima de negros estereotipados”.
Fred está sempre querendo dar um jeito de ficar rico e é infernizado pela cunhada, Esther.
“É o Godzilla!”
A audiência foi capengando, assim como o coração de Red Foxx, a cada episódio. Todos os sucateiros têm saudade de seus 15 minutos de fama.
“Está me ouvindo, Elizabeth? Logo estaremos juntos!”

10

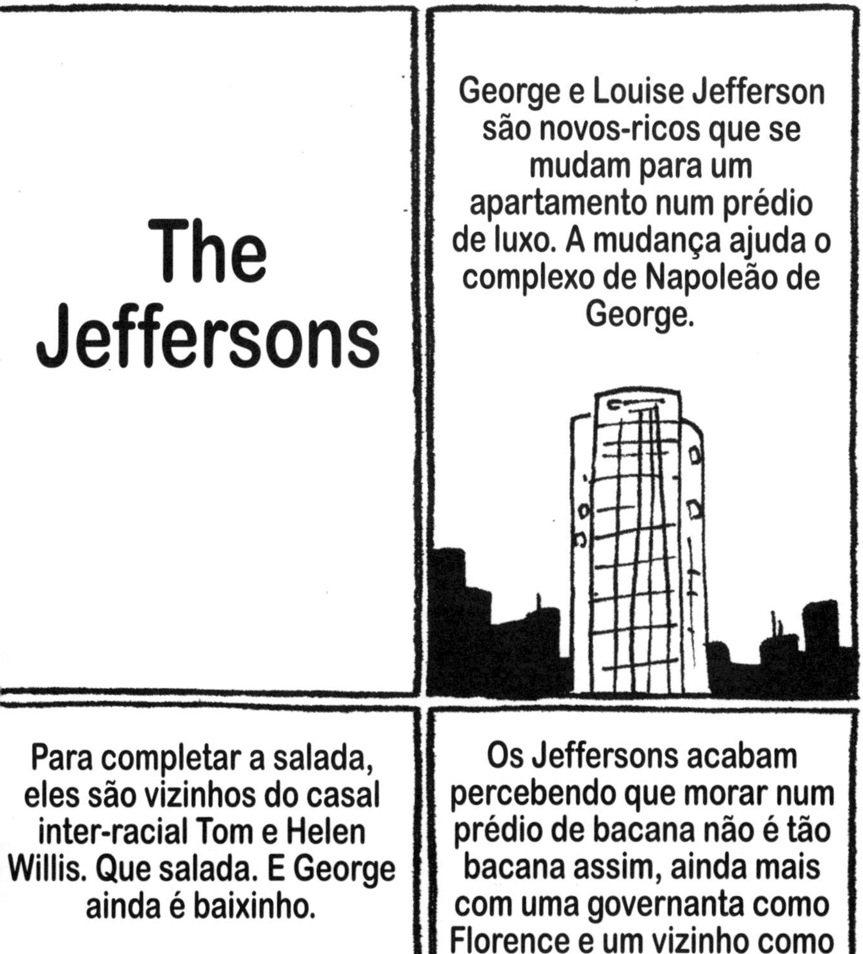
The Jeffersons
George e Louise Jefferson são novos-ricos que se mudam para um apartamento num prédio de luxo. A mudança ajuda o complexo de Napoleão de George.
Para completar a salada, eles são vizinhos do casal inter-racial Tom e Helen Willis. Que salada. E George ainda é baixinho.
Os Jeffersons acabam percebendo que morar num prédio de bacana não é tão bacana assim, ainda mais com uma governanta como Florence e um vizinho como Bentley, que são a maior dor de cabeça.

12

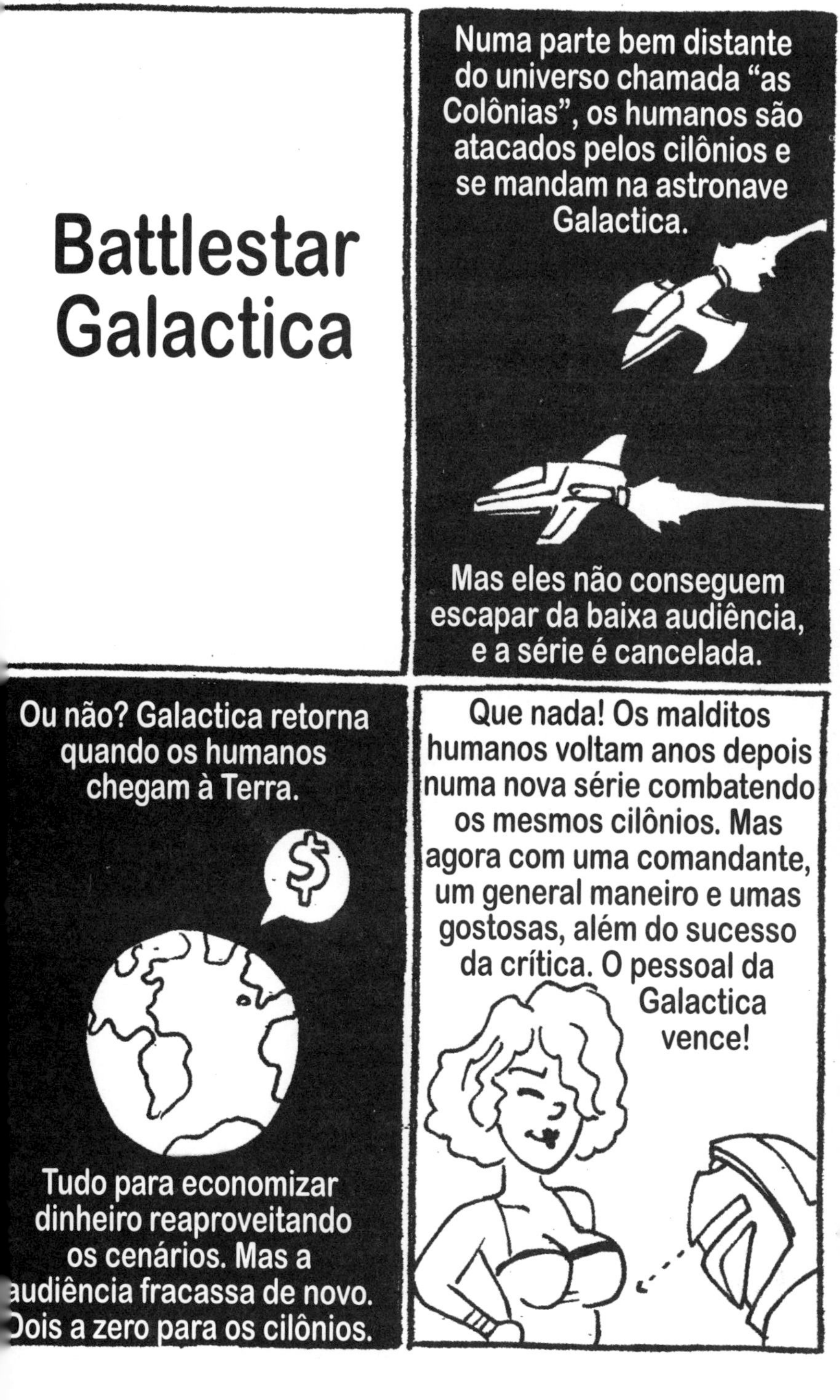
Battlestar Galactica
Numa parte bem distante do universo chamada “as Colônias”, os humanos são atacados pelos cilônios e se mandam na astronave Galactica.
Mas eles não conseguem escapar da baixa audiência, e a série é cancelada.
Ou não? Galactica retorna quando os humanos chegam à Terra.
$
Tudo para economizar dinheiro reaproveitando os cenários. Mas a audiência fracassa de novo. Dois a zero para os cilônios.
Que nada! Os malditos humanos voltam anos depois numa nova série combatendo os mesmos cilônios. Mas agora com uma comandante, um general maneiro e umas gostosas, além do sucesso da crítica. O pessoal da Galactica vence!

14

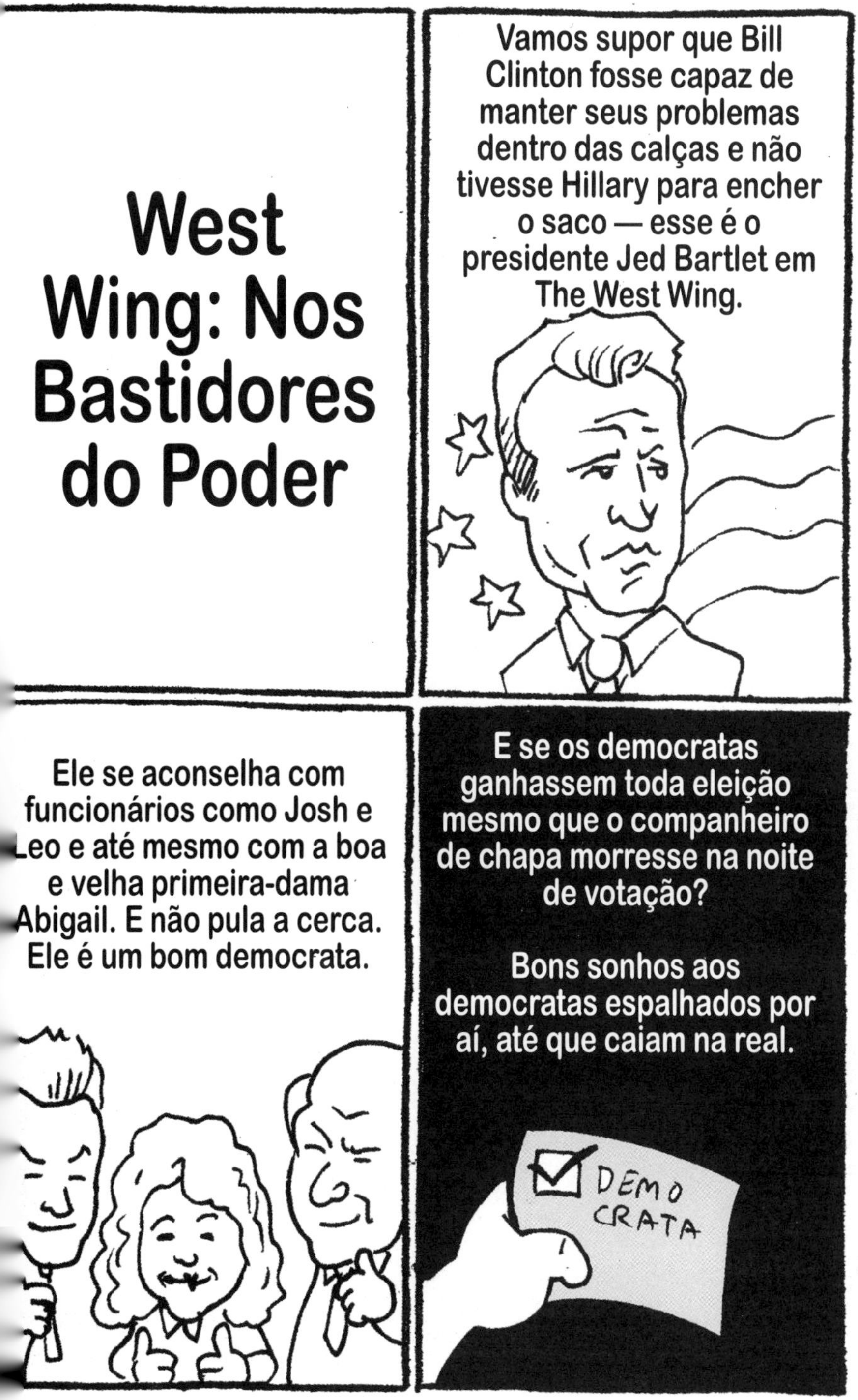
West Wing: Nos Bastidores do Poder
Vamos supor que Bill Clinton fosse capaz de manter seus problemas dentro das calças e não tivesse Hillary para encher o saco — esse é o presidente Jed Bartlet em The West Wing.
Ele se aconselha com funcionários como Josh e Leo e até mesmo com a boa e velha primeira-dama Abigail. E não pula a cerca. Ele é um bom democrata.
E se os democratas ganhassem toda eleição mesmo que o companheiro de chapa morresse na noite de votação?
Bons sonhos aos democratas espalhados por aí, até que caiam na real.
DEMO CRATA

16

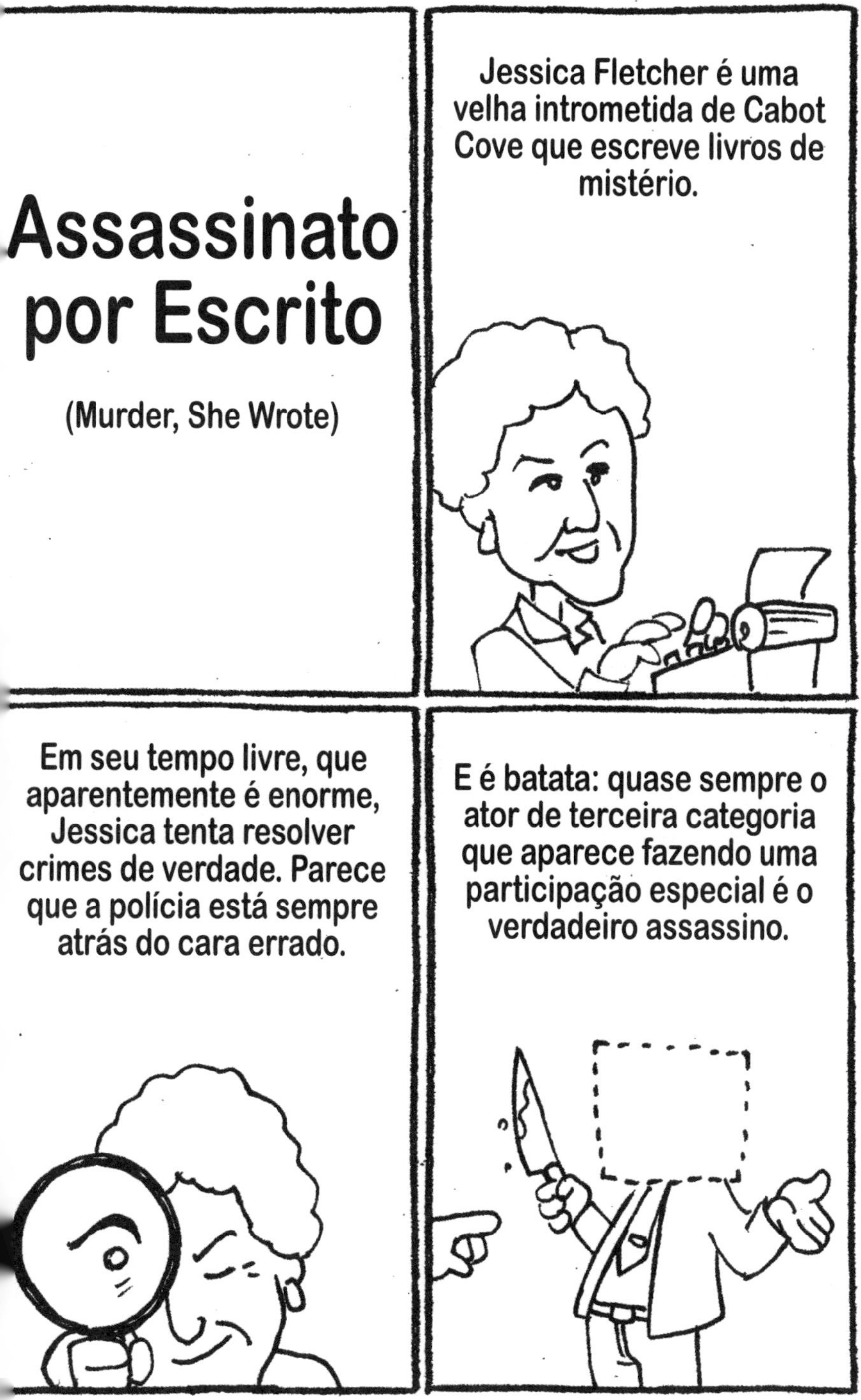
Assassinato por Escrito
(Murder, She Wrote)
Jessica Fletcher é uma velha intrometida de Cabot Cove que escreve livros de mistério.
Em seu tempo livre, que aparentemente é enorme, Jessica tenta resolver crimes de verdade. Parece que a polícia está sempre atrás do cara errado.
E é batata: quase sempre o ator de terceira categoria que aparece fazendo uma participação especial é o verdadeiro assassino.

18

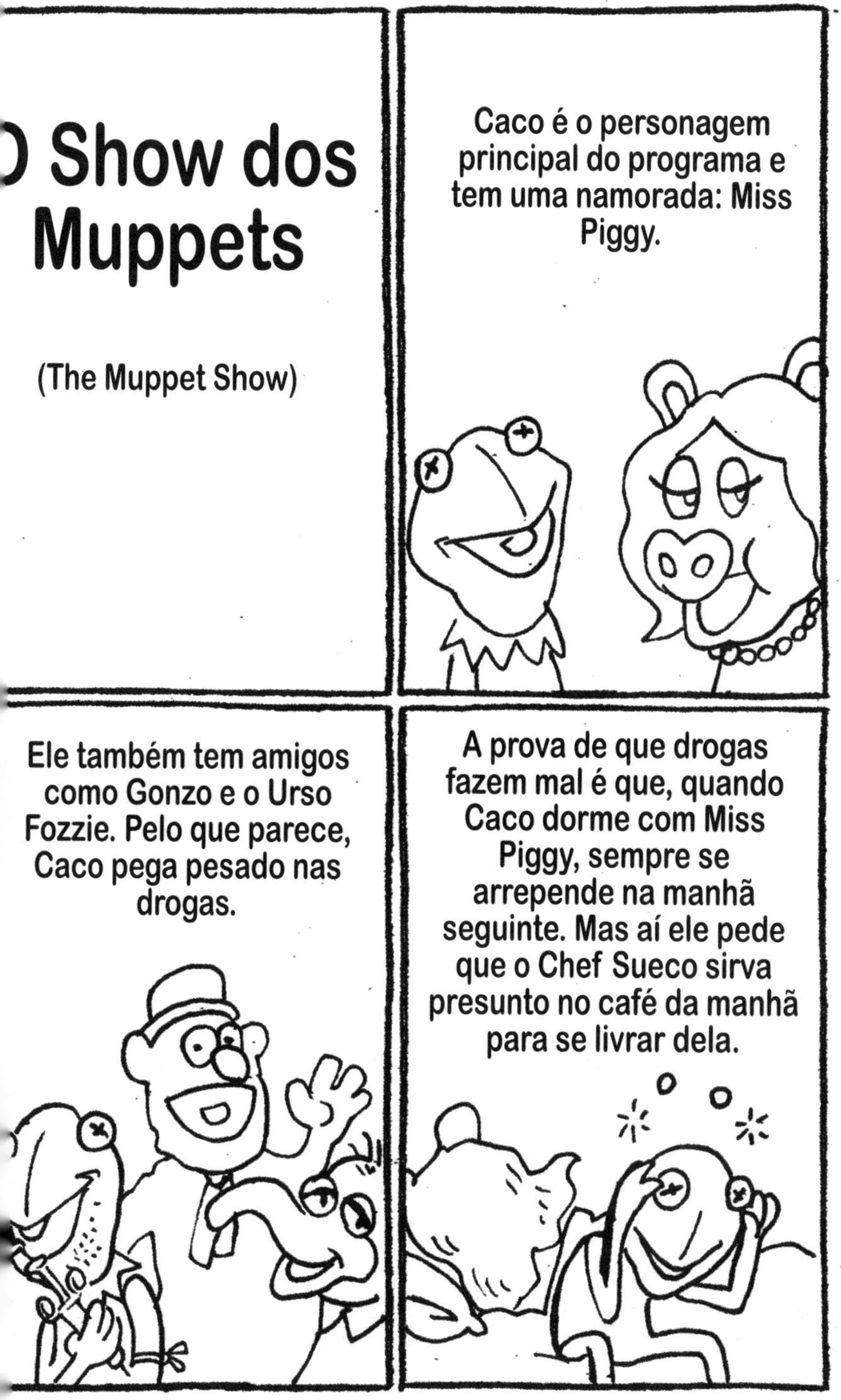
O Show dos Muppets
(The Muppet Show)
Caco é o personagem principal do programa e tem uma namorada: Miss Piggy.
Ele também tem amigos como Gonzo e o Urso Fozzie. Pelo que parece, Caco pega pesado nas drogas.
A prova de que drogas fazem mal é que, quando Caco dorme com Miss Piggy, sempre se arrepende na manhã seguinte. Mas aí ele pede que o Chef Sueco sirva presunto no café da manhã para se livrar dela.

20

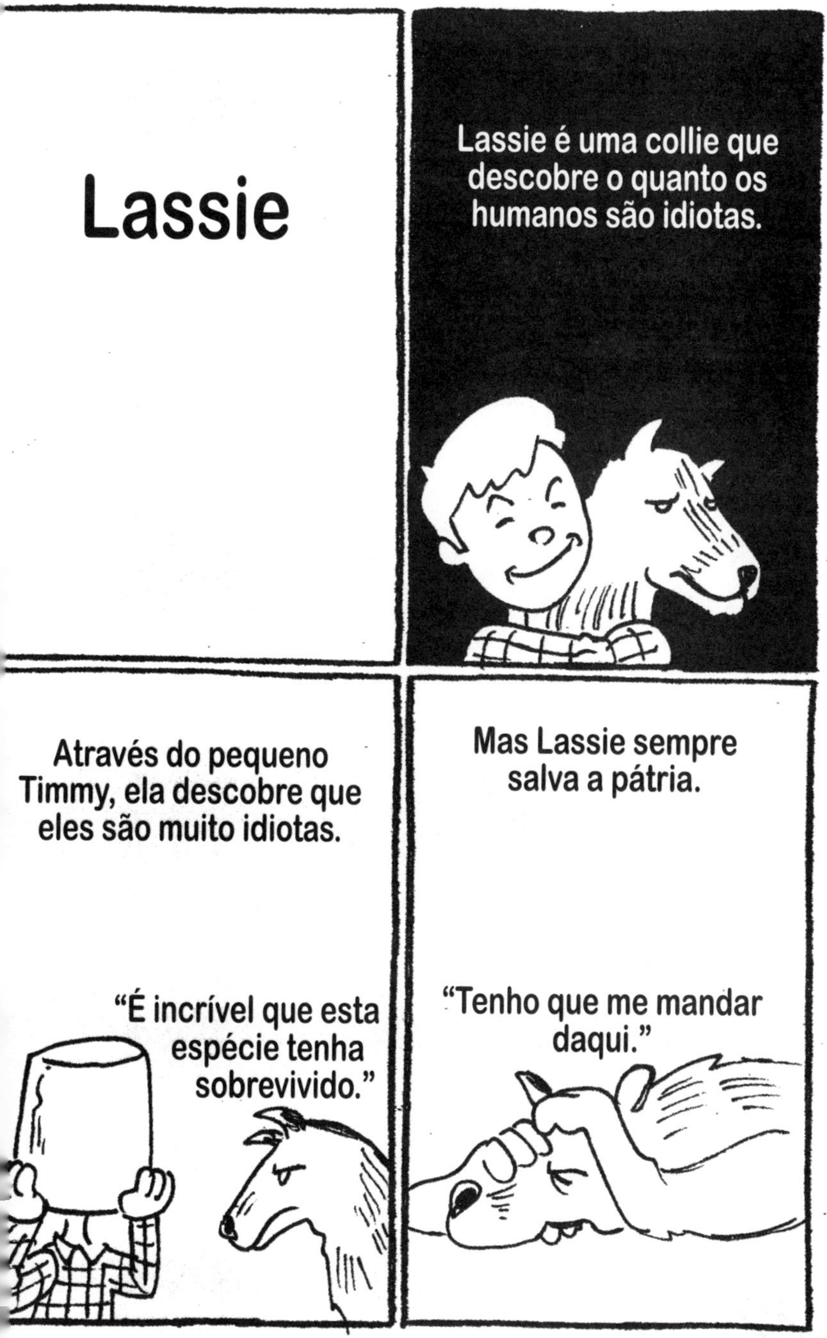
Lassie
Lassie é uma collie que descobre o quanto os humanos são idiotas.
Através do pequeno Timmy, ela descobre que eles são muito idiotas.
"É incrível que esta espécie tenha sobrevivido."
Mas Lassie sempre salva a pátria.
"Tenho que me mandar daqui."

22

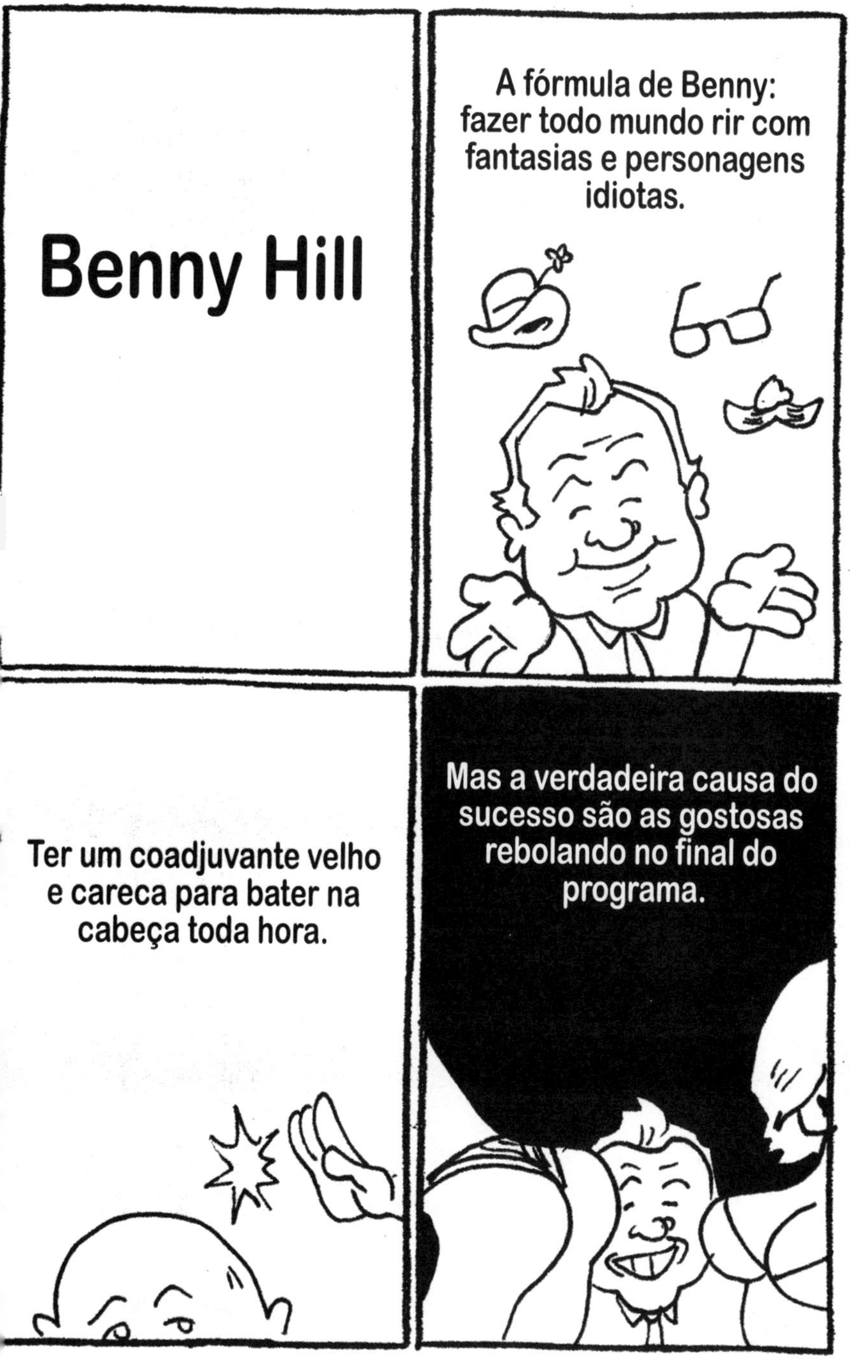
Benny Hill
A fórmula de Benny: fazer todo mundo rir com fantasias e personagens idiotas.
Ter um coadjuvante velho e careca para bater na cabeça toda hora.
Mas a verdadeira causa do sucesso são as gostosas rebolando no final do programa.

24

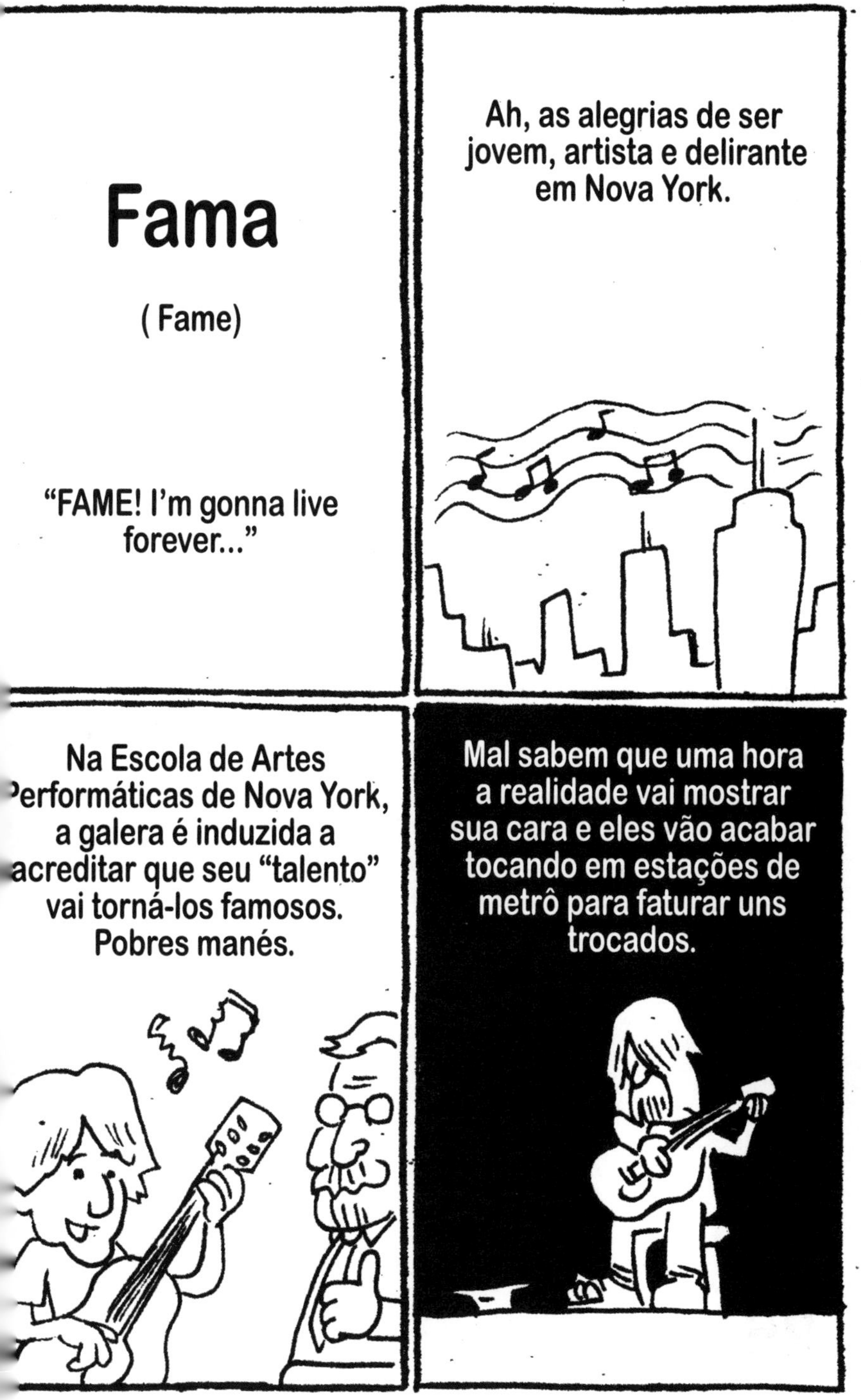
Fama
(Fame)
“FAME! I’m gonna live forever...”
Ah, as alegrias de ser jovem, artista e delirante em Nova York.
Na Escola de Artes Performáticas de Nova York, a galera é induzida a acreditar que seu “talento” vai torná-los famosos. Pobres manés.
Mal sabem que uma hora a realidade vai mostrar sua cara e eles vão acabar tocando em estações de metrô para faturar uns trocados.

26

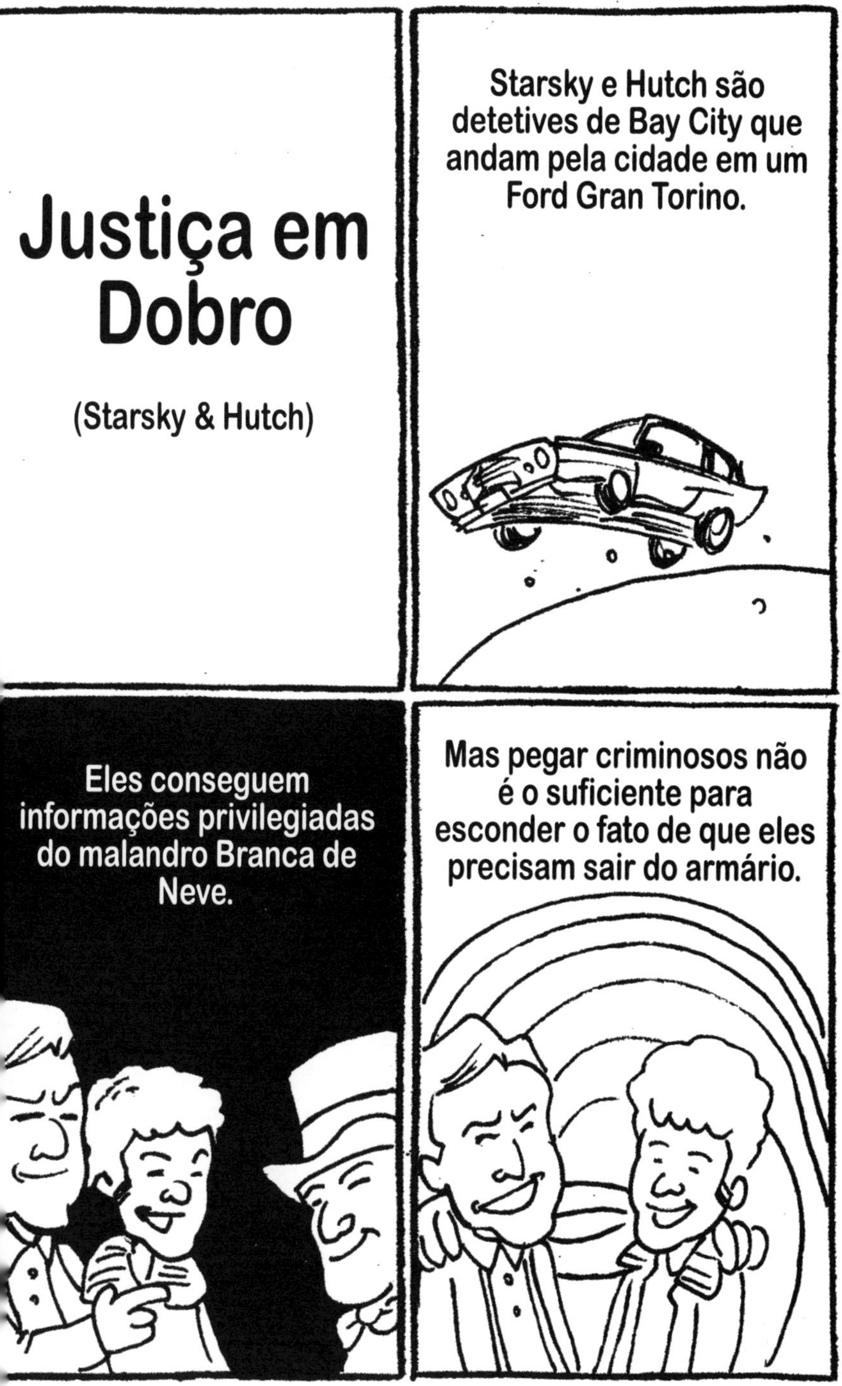
Justiça em Dobro
(Starsky & Hutch)
Starsky e Hutch são detetives de Bay City que andam pela cidade em um Ford Gran Torino.
Eles conseguem informações privilegiadas do malandro Branca de Neve.
Mas pegar criminosos não é o suficiente para esconder o fato de que eles precisam sair do armário.

28

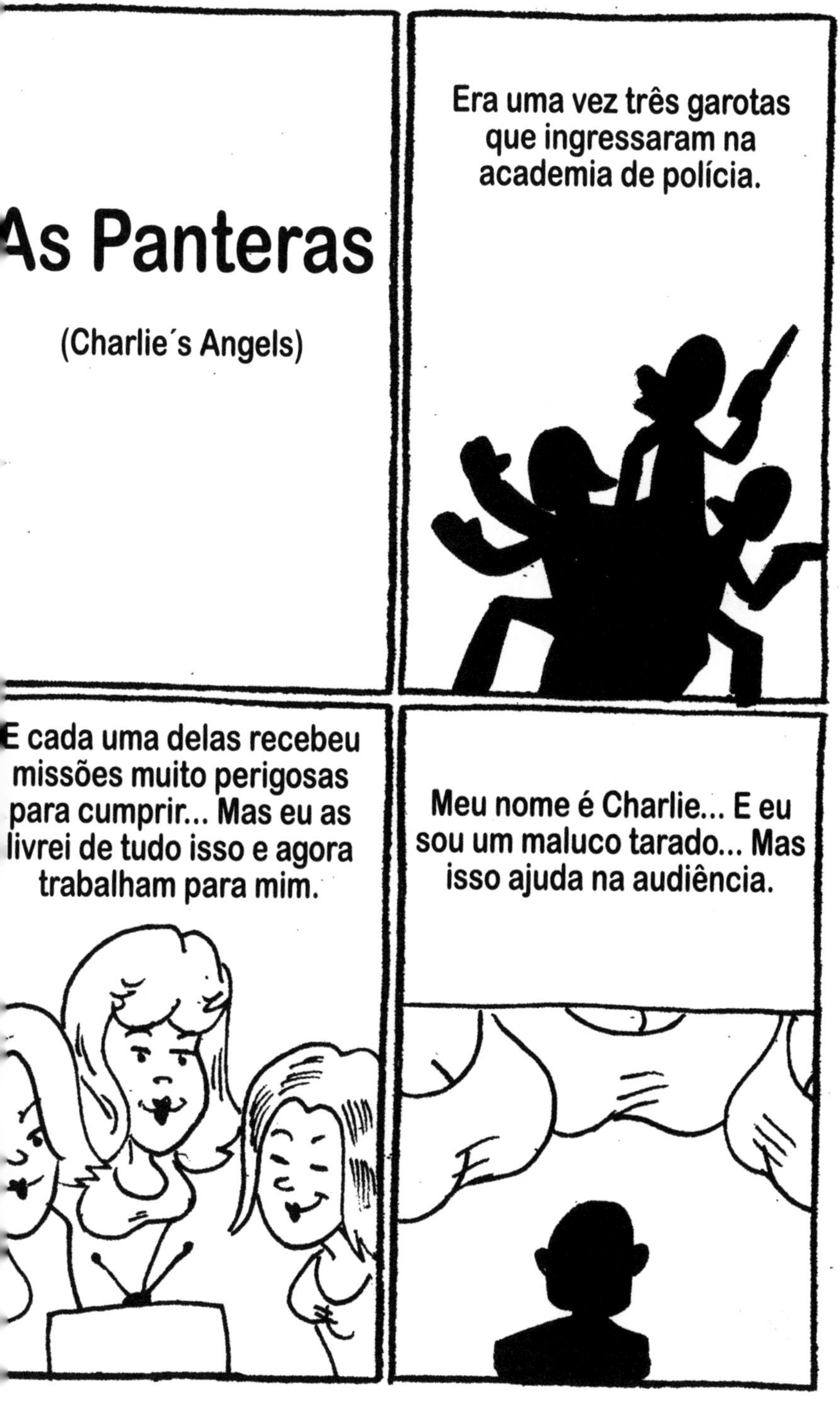
As Panteras
(Charlie´s Angels)
Era uma vez três garotas que ingressaram na academia de polícia.
E cada uma delas recebeu missões muito perigosas para cumprir... Mas eu as livrei de tudo isso e agora trabalham para mim.
Meu nome é Charlie... E eu sou um maluco tarado... Mas isso ajuda na audiência.

30

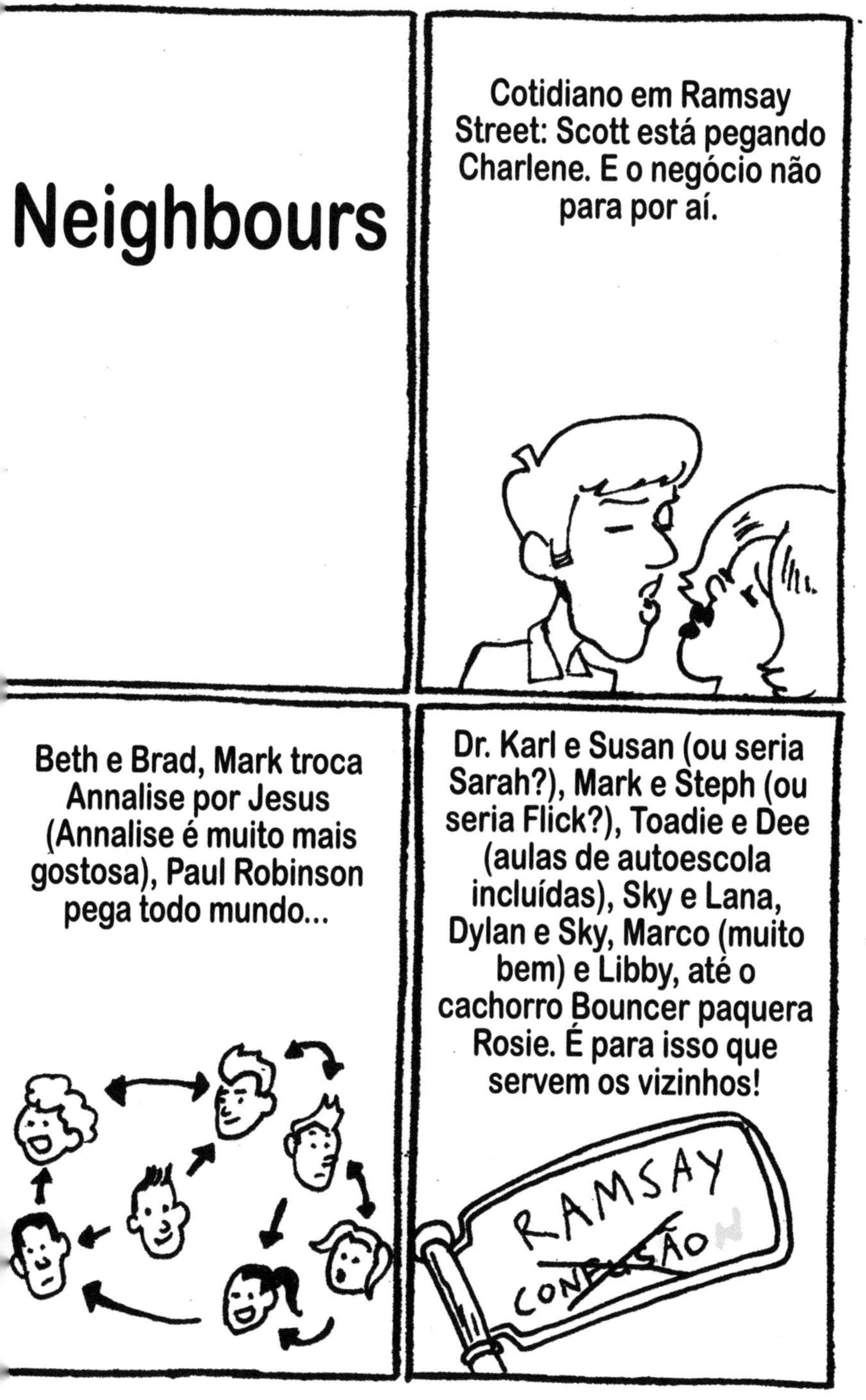

Neighbours
Cotidiano em Ramsay Street: Scott está pegando Charlene. E o negócio não para por aí.
Beth e Brad, Mark troca Annalise por Jesus (Annalise é muito mais gostosa), Paul Robinson pega todo mundo...
Dr. Karl e Susan (ou seria Sarah?), Mark e Steph (ou seria Flick?), Toadie e Dee (aulas de autoescola incluídas), Sky e Lana, Dylan e Sky, Marco (muito bem) e Libby, até o cachorro Bouncer paquera Rosie. É para isso que servem os vizinhos!
RAMSAY
CONFUSÃO

32

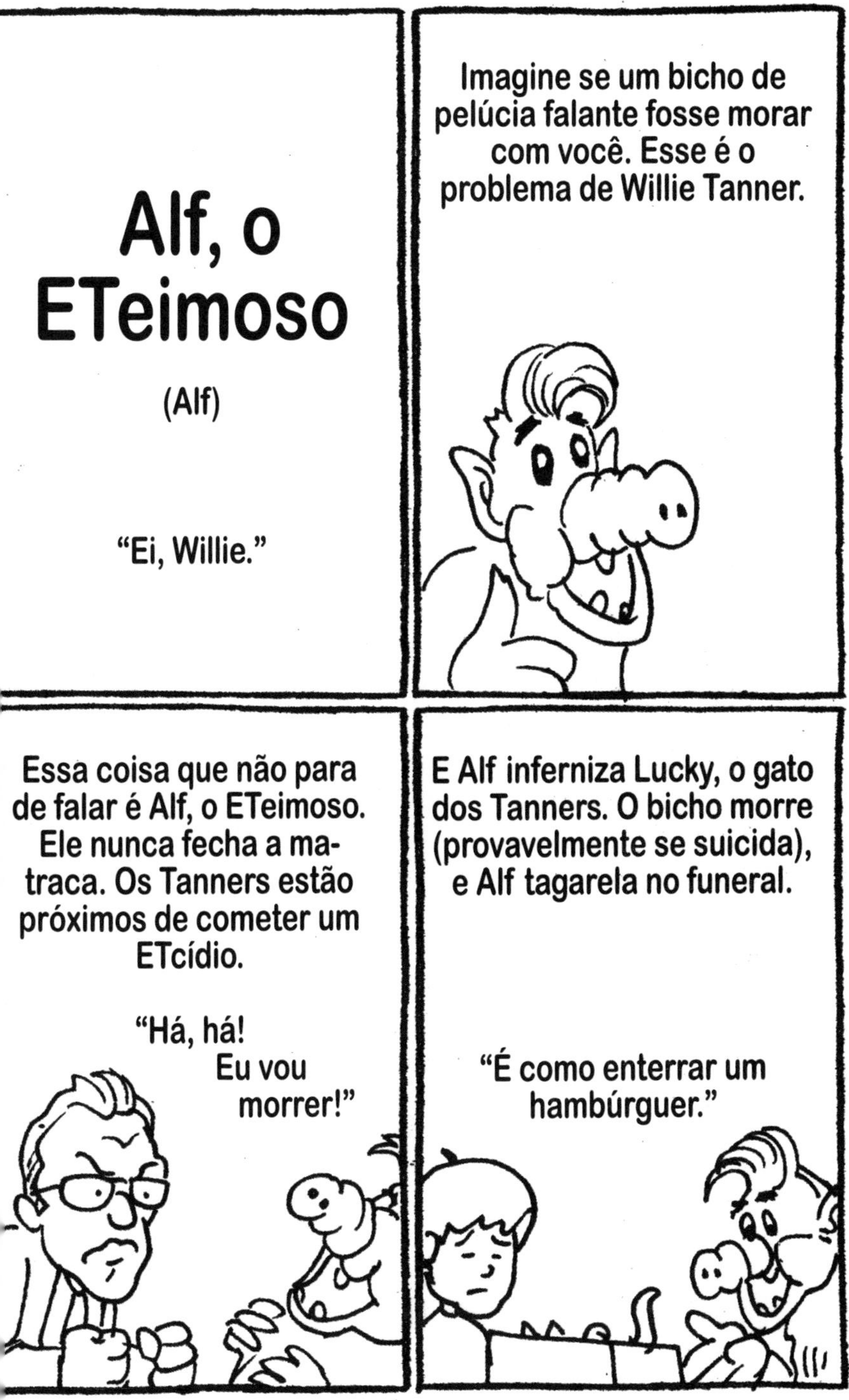
Alf, o ETeimoso
(Alf)
“Ei, Willie.”
Imagine se um bicho de pelúcia falante fosse morar com você. Esse é o problema de Willie Tanner.
Essa coisa que não para de falar é Alf, o ETeimoso. Ele nunca fecha a matraca. Os Tanners estão próximos de cometer um ETcídio.
“Há, há! Eu vou morrer!”
E Alf inferniza Lucky, o gato dos Tanners. O bicho morre (provavelmente se suicida), e Alf tagarela no funeral.
“É como enterrar um hambúrguer.”

34

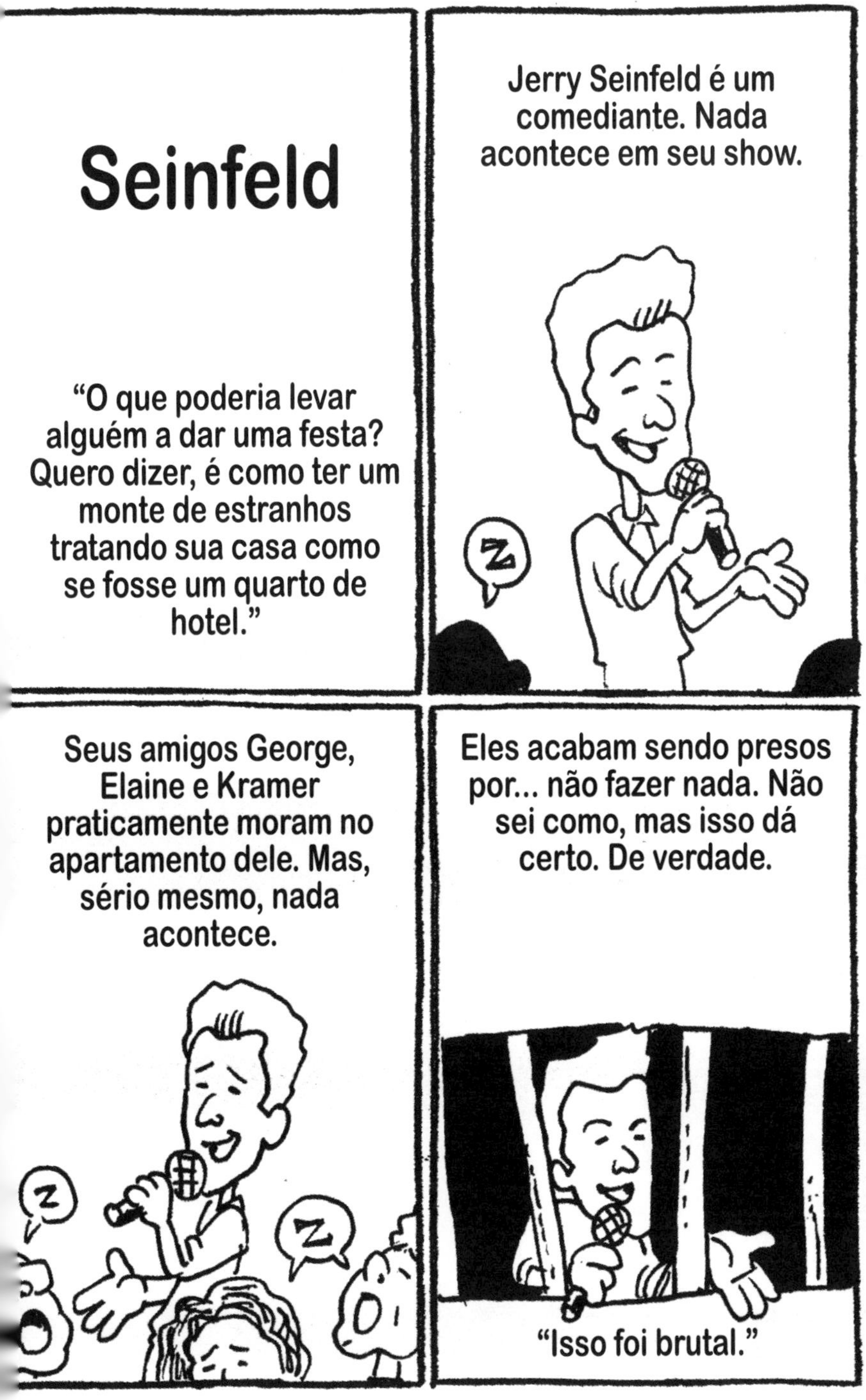
Seinfeld
"O que poderia levar alguém a dar uma festa? Quero dizer, é como ter um monte de estranhos tratando sua casa como se fosse um quarto de hotel."
Jerry Seinfeld é um comediante. Nada acontece em seu show.
Z
Seus amigos George, Elaine e Kramer praticamente moram no apartamento dele. Mas, sério mesmo, nada acontece.
Z
Z
Eles acabam sendo presos por... não fazer nada. Não sei como, mas isso dá certo. De verdade.
"Isso foi brutal."

36

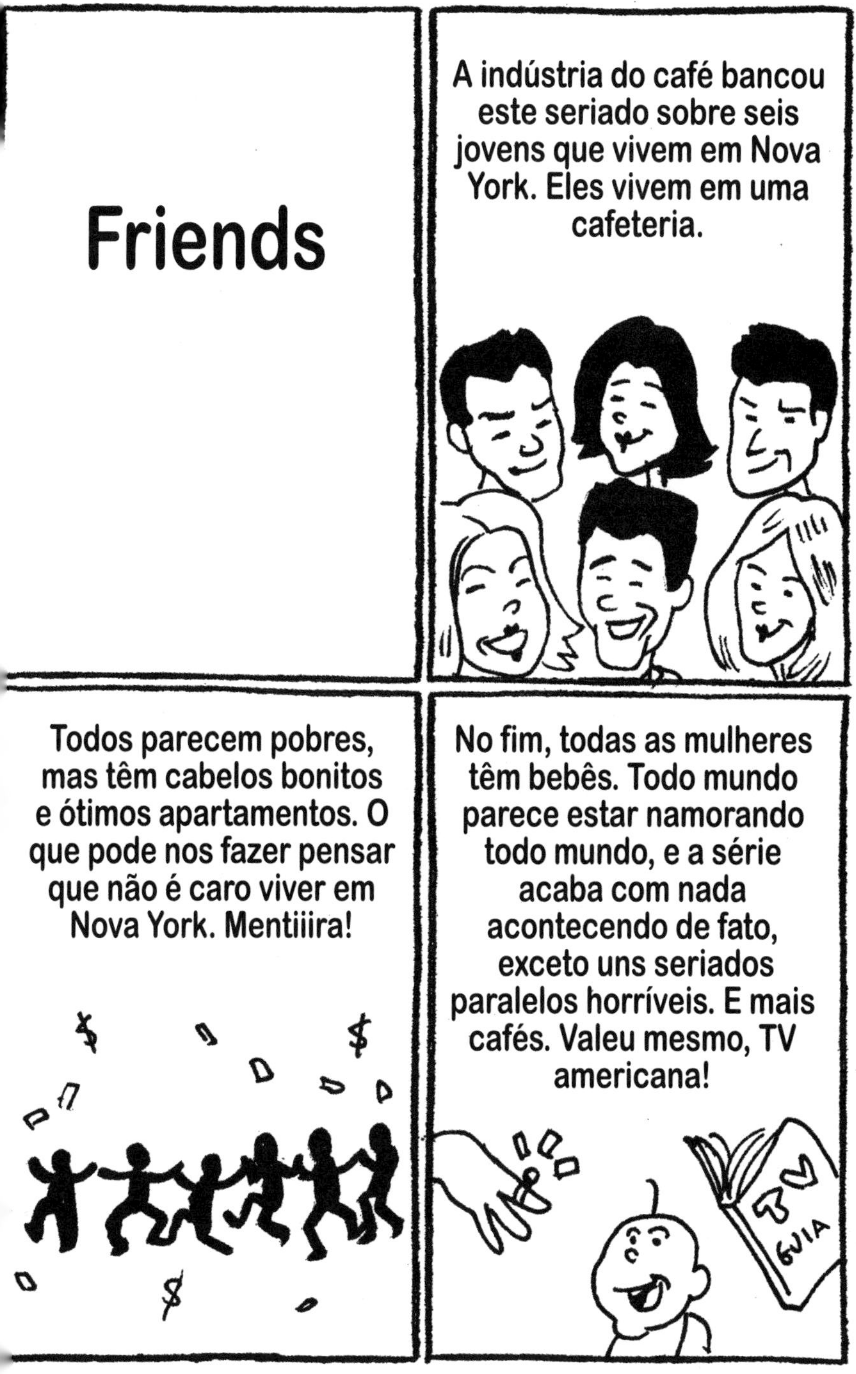
Friends
A indústria do café bancou este seriado sobre seis jovens que vivem em Nova York. Eles vivem em uma cafeteria.
Todos parecem pobres, mas têm cabelos bonitos e ótimos apartamentos. O que pode nos fazer pensar que não é caro viver em Nova York. Mentiiira!
No fim, todas as mulheres têm bebês. Todo mundo parece estar namorando todo mundo, e a série acaba com nada acontecendo de fato, exceto uns seriados paralelos horríveis. E mais cafés. Valeu mesmo, TV americana!
GUIA

38

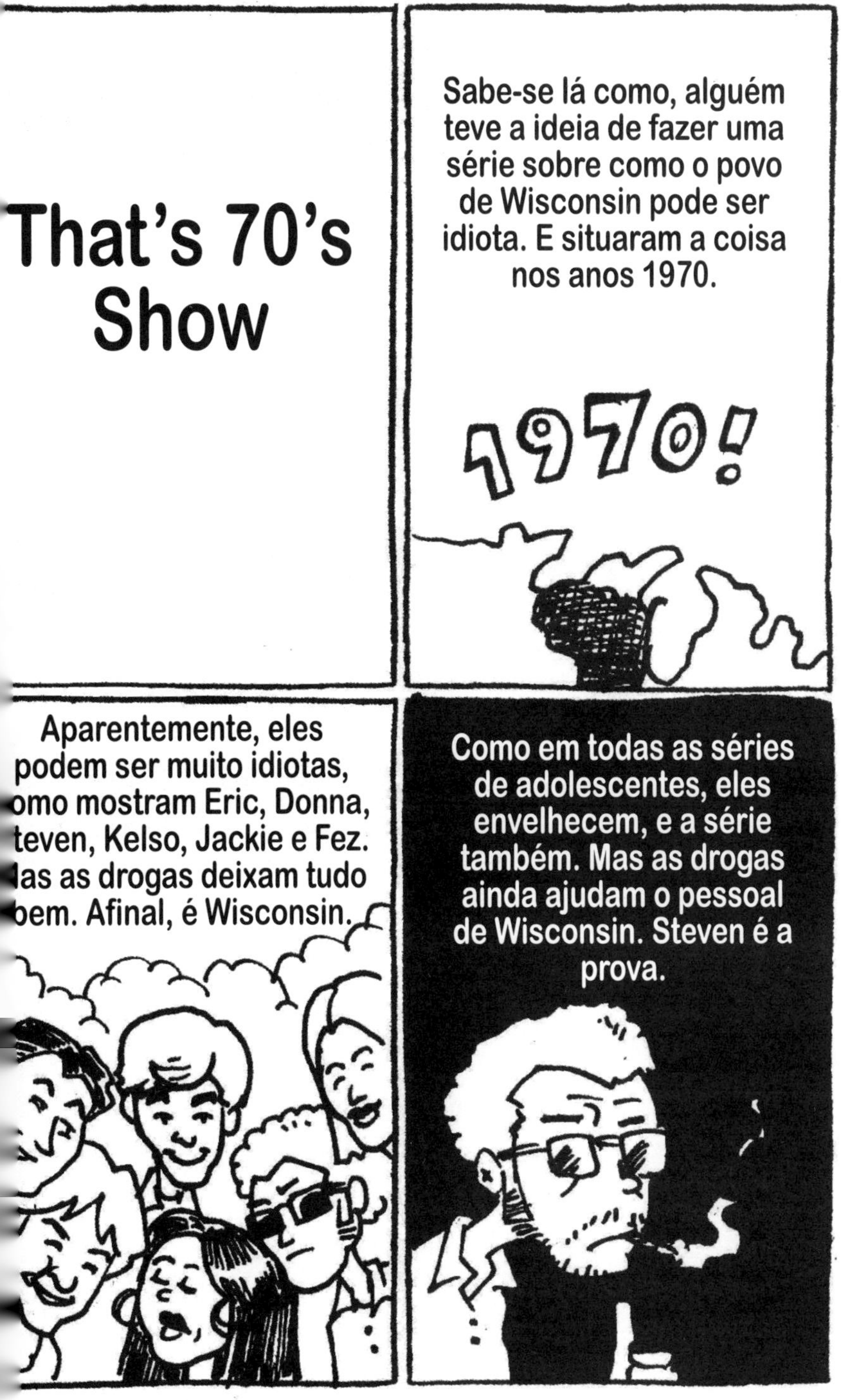

That's 70's Show
Sabe-se lá como, alguém teve a ideia de fazer uma série sobre como o povo de Wisconsin pode ser idiota. E situaram a coisa nos anos 1970.
1970!
Aparentemente, eles podem ser muito idiotas, omo mostram Eric, Donna, teven, Kelso, Jackie e Fez. las as drogas deixam tudo bem. Afinal, é Wisconsin.
Como em todas as séries de adolescentes, eles envelhecem, e a série também. Mas as drogas ainda ajudam o pessoal de Wisconsin. Steven é a prova.

40

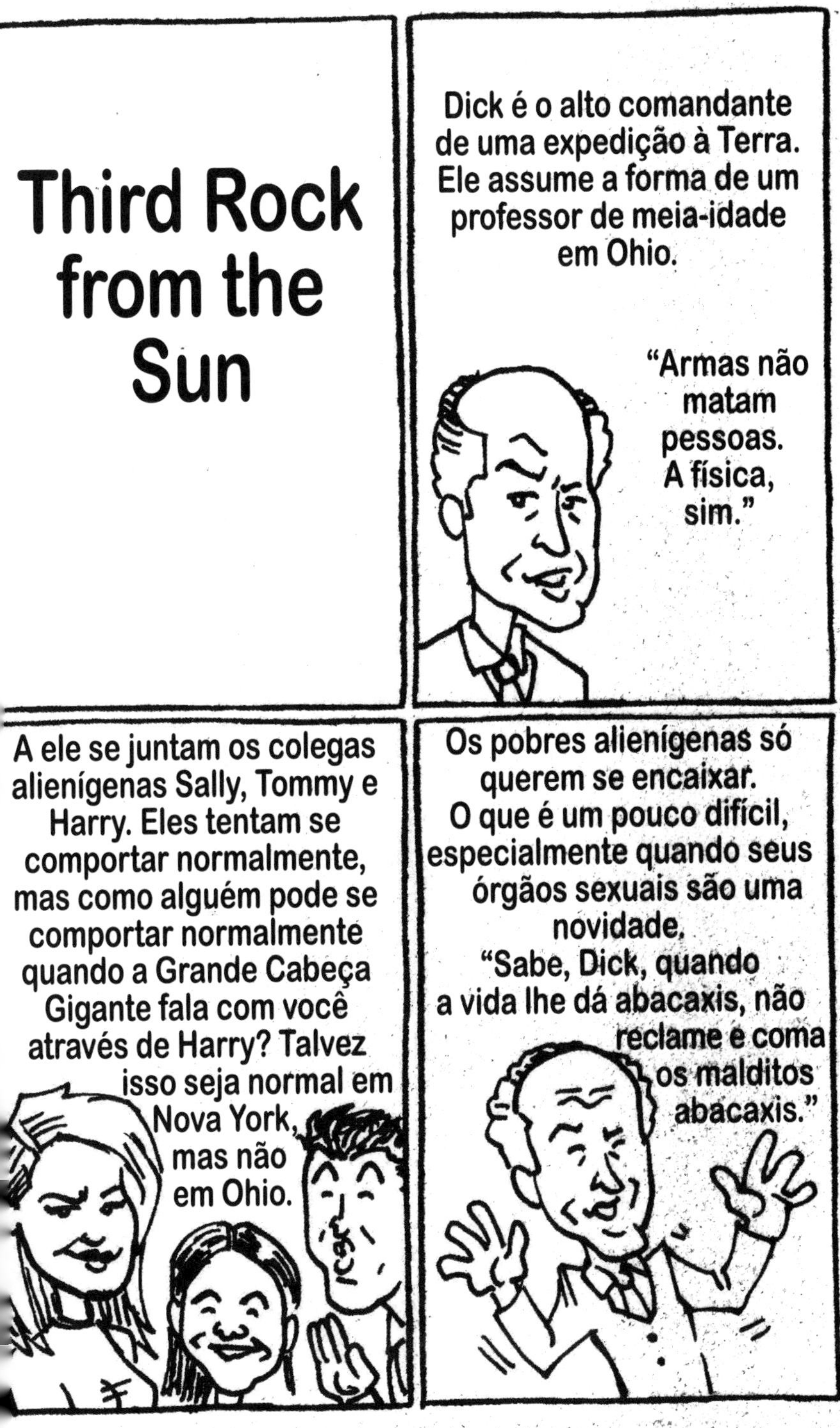
Third Rock from the Sun
Dick é o alto comandante de uma expedição à Terra. Ele assume a forma de um professor de meia-idade em Ohio.
“Armas não matam pessoas. A física, sim.”
A ele se juntam os colegas alienígenas Sally, Tommy e Harry. Eles tentam se comportar normalmente, mas como alguém pode se comportar normalmente quando a Grande Cabeça Gigante fala com você através de Harry? Talvez isso seja normal em Nova York, mas não em Ohio.
Os pobres alienígenas só querem se encaixar. O que é um pouco difícil, especialmente quando seus órgãos sexuais são uma novidade.
“Sabe, Dick, quando a vida lhe dá abacaxis, não reclame e coma os malditos abacaxis.”

42

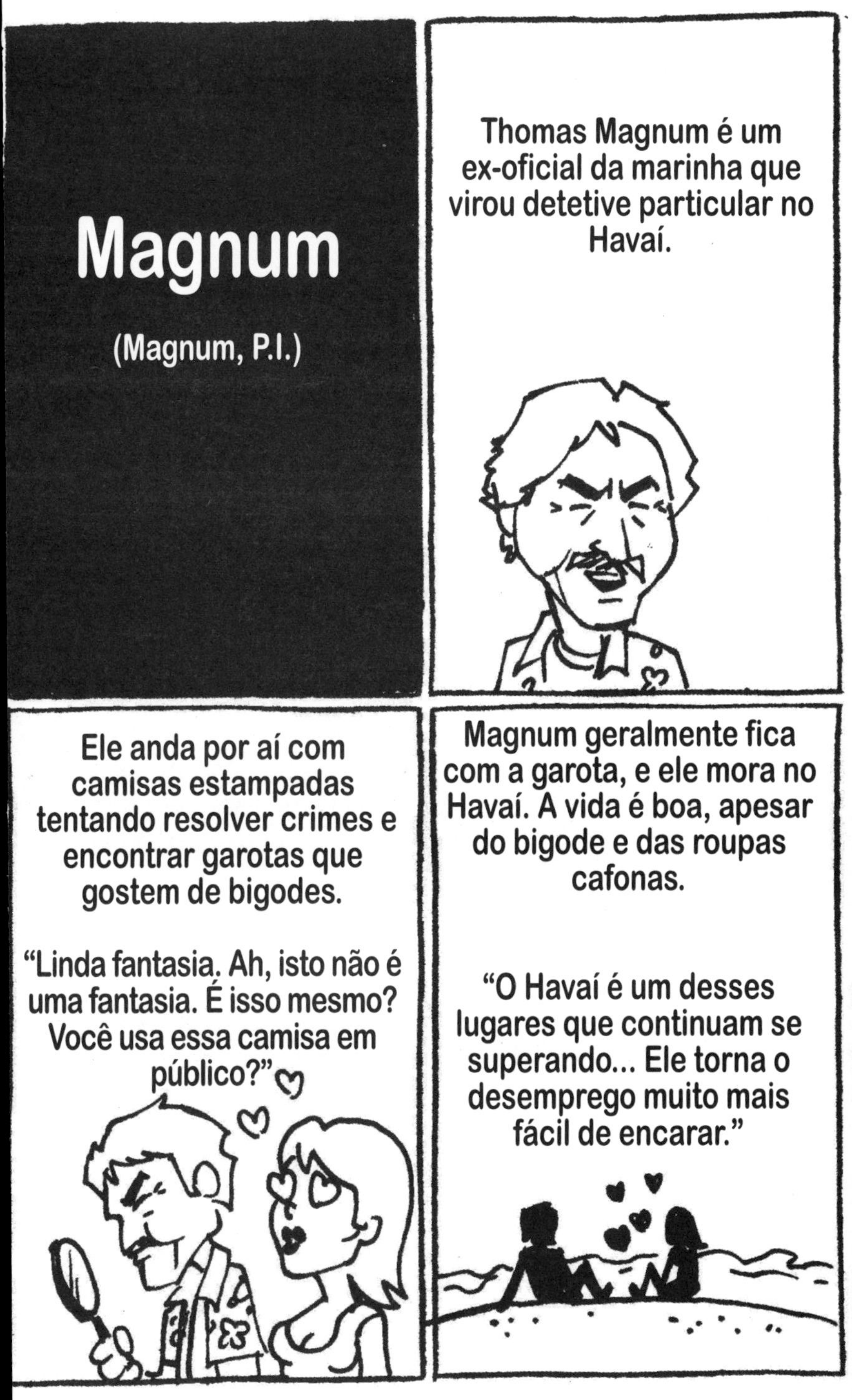
Magnum
(Magnum, P.I.)
Thomas Magnum é um ex-oficial da marinha que virou detetive particular no Havaí.
Ele anda por aí com camisas estampadas tentando resolver crimes e encontrar garotas que gostem de bigodes.
“Linda fantasia. Ah, isto não é uma fantasia. É isso mesmo? Você usa essa camisa em público?”
Magnum geralmente fica com a garota, e ele mora no Havaí. A vida é boa, apesar do bigode e das roupas cafonas.
“O Havaí é um desses lugares que continuam se superando... Ele torna o desemprego muito mais fácil de encarar.”

44

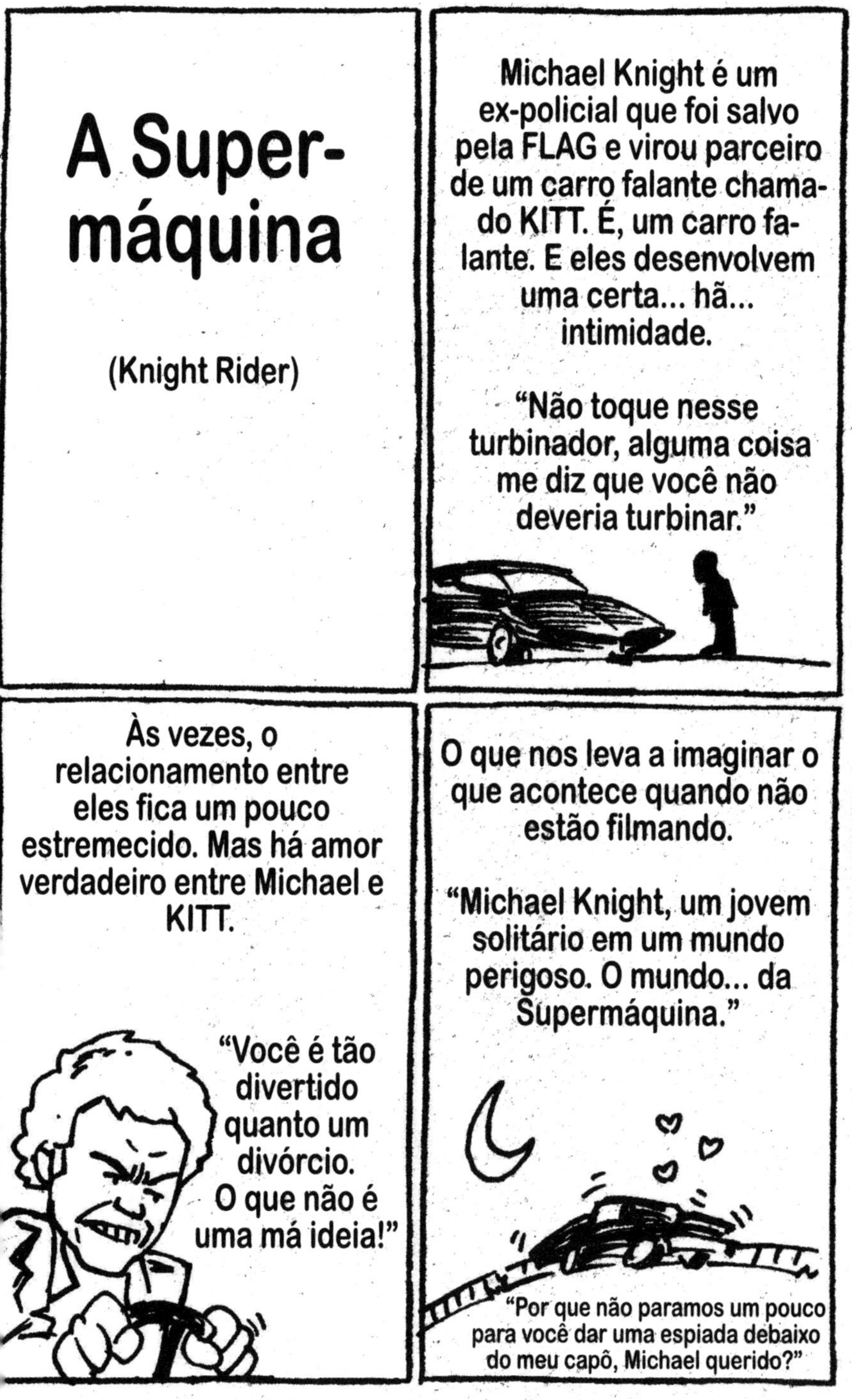
A Super-máquina
(Knight Rider)
Michael Knight é um ex-policial que foi salvo pela FLAG e virou parceiro de um carro falante chamado KITT. É, um carro falante. E eles desenvolvem uma certa... hã... intimidade.
“Não toque nesse turbinador, alguma coisa me diz que você não deveria turbinar.”
Às vezes, o relacionamento entre eles fica um pouco estremecido. Mas há amor verdadeiro entre Michael e KITT.
“Você é tão divertido quanto um divórcio. O que não é uma má ideia!”
O que nos leva a imaginar o que acontece quando não estão filmando.
“Michael Knight, um jovem solitário em um mundo perigoso. O mundo... da Supermáquina.”
“Por que não paramos um pouco para você dar uma espiada debaixo do meu capô, Michael querido?”

46

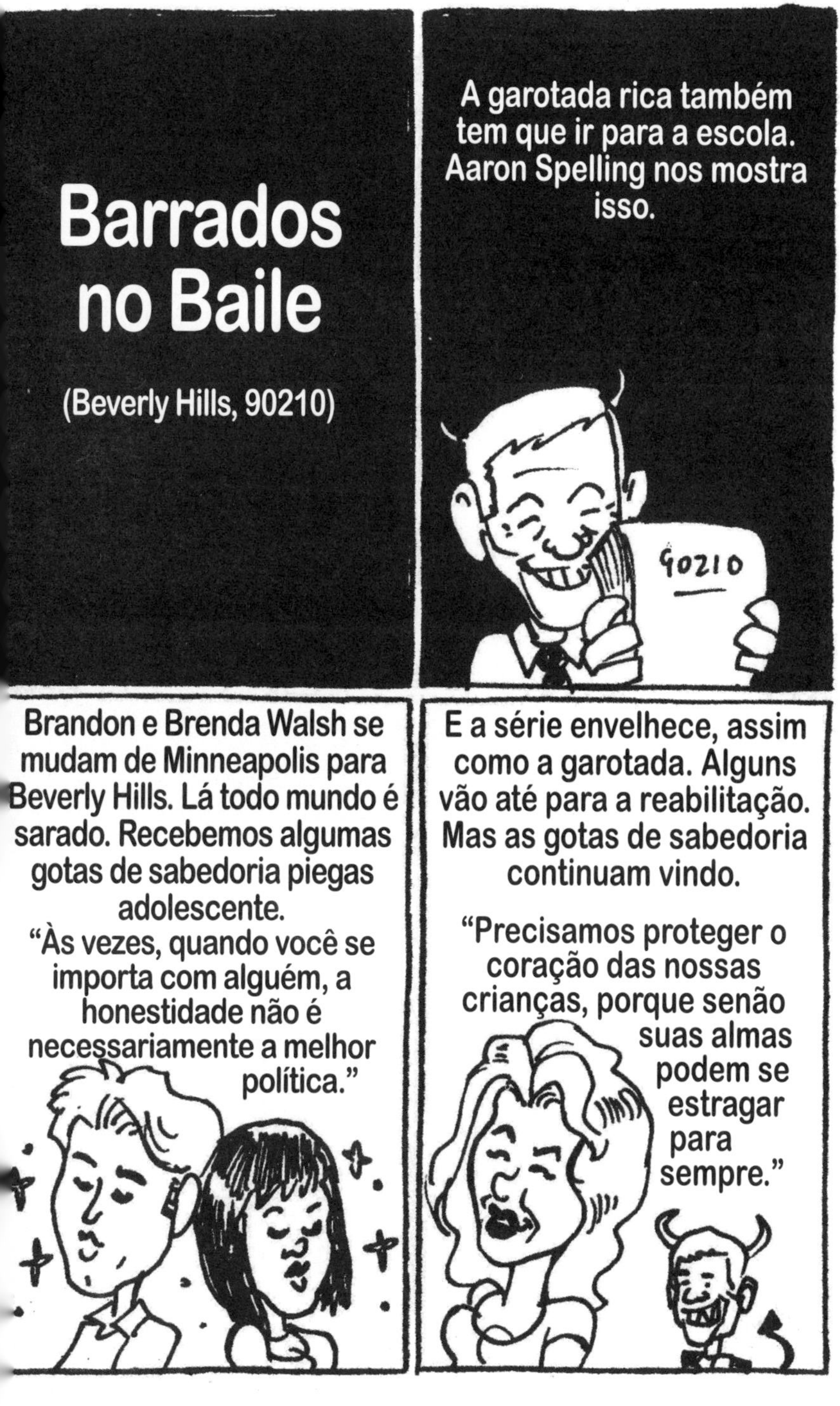
Barrados no Baile
(Beverly Hills, 90210)
A garotada rica também tem que ir para a escola. Aaron Spelling nos mostra isso.
90210
Brandon e Brenda Walsh se mudam de Minneapolis para Beverly Hills. Lá todo mundo é sarado. Recebemos algumas gotas de sabedoria piegas adolescente.
“Às vezes, quando você se importa com alguém, a honestidade não é necessariamente a melhor política.”
E a série envelhece, assim como a garotada. Alguns vão até para a reabilitação. Mas as gotas de sabedoria continuam vindo.
“Precisamos proteger o coração das nossas crianças, porque senão suas almas podem se estragar para sempre.”

48

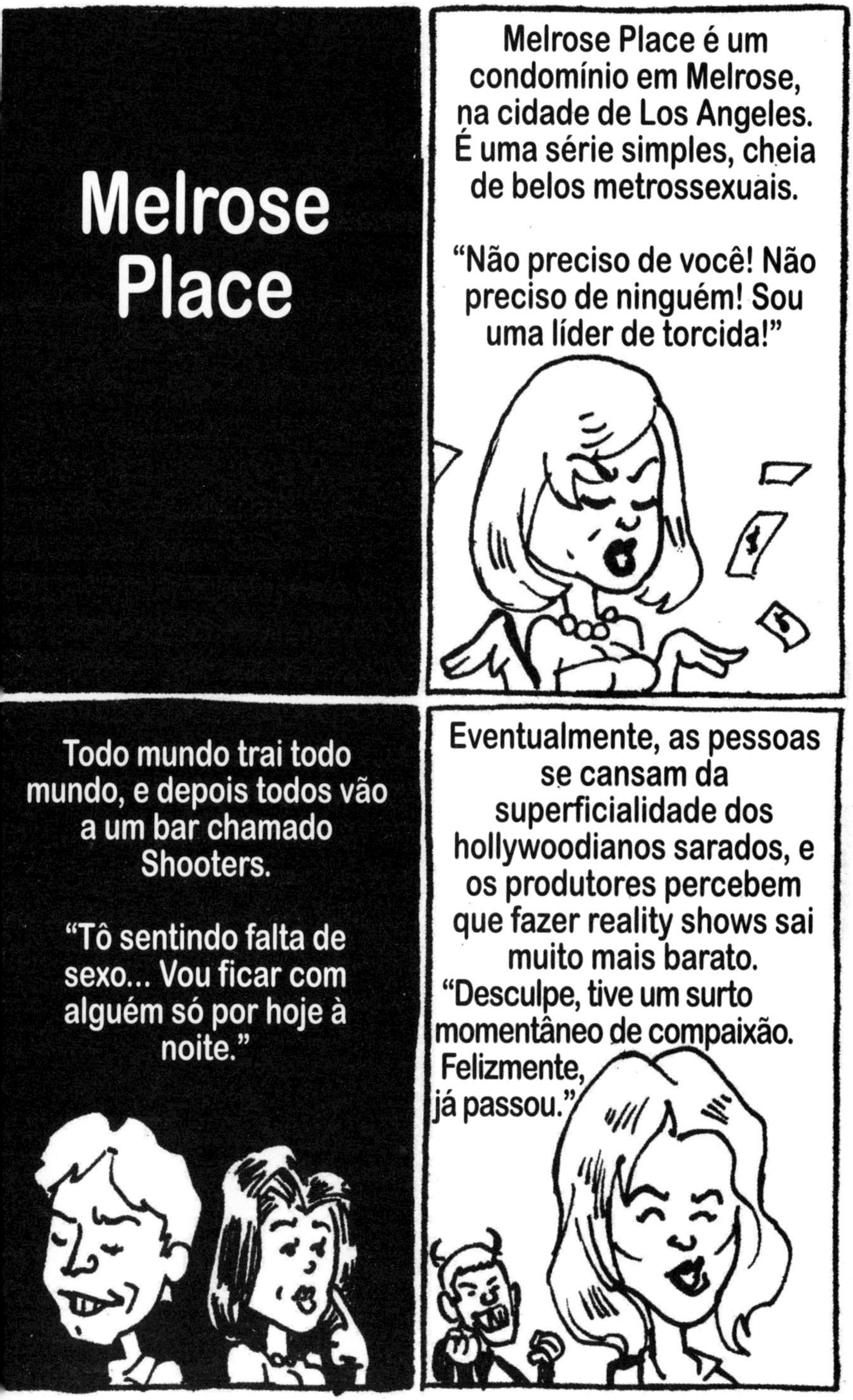
Melrose Place
Melrose Place é um condomínio em Melrose, na cidade de Los Angeles. É uma série simples, cheia de belos metrossexuais.
"Não preciso de você! Não preciso de ninguém! Sou uma líder de torcida!"
Todo mundo trai todo mundo, e depois todos vão a um bar chamado Shooters.
"Tô sentindo falta de sexo... Vou ficar com alguém só por hoje à noite."
Eventualmente, as pessoas se cansam da superficialidade dos hollywoodianos sarados, e os produtores percebem que fazer reality shows sai muito mais barato.
"Desculpe, tive um surto momentâneo de compaixão. Felizmente, já passou."

50

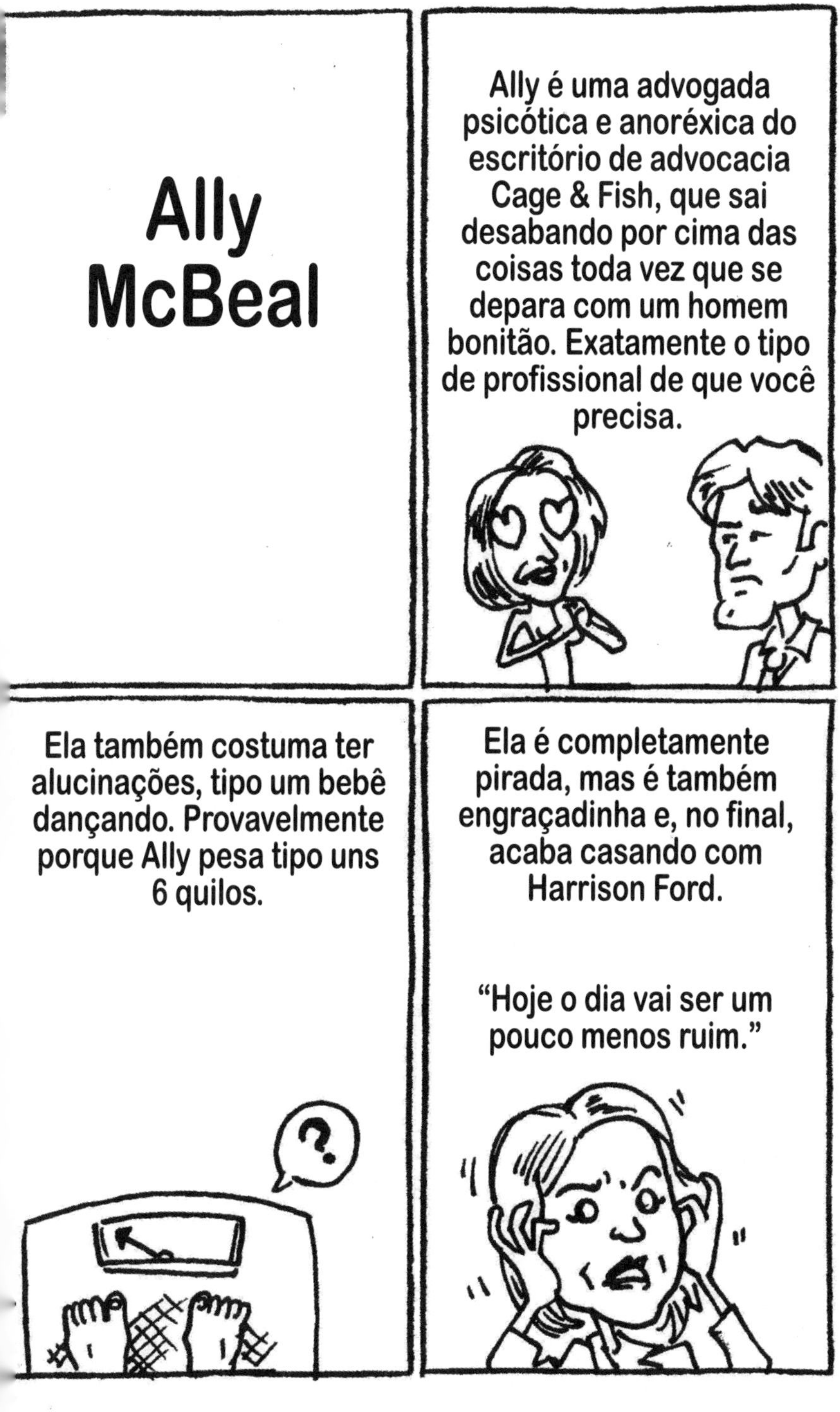
Ally McBeal
Ally é uma advogada psicótica e anoréxica do escritório de advocacia Cage & Fish, que sai desabando por cima das coisas toda vez que se depara com um homem bonitão. Exatamente o tipo de profissional de que você precisa.
Ela também costuma ter alucinações, tipo um bebê dançando. Provavelmente porque Ally pesa tipo uns 6 quilos.
?
Ela é completamente pirada, mas é também engraçadinha e, no final, acaba casando com Harrison Ford.
"Hoje o dia vai ser um pouco menos ruim."

52

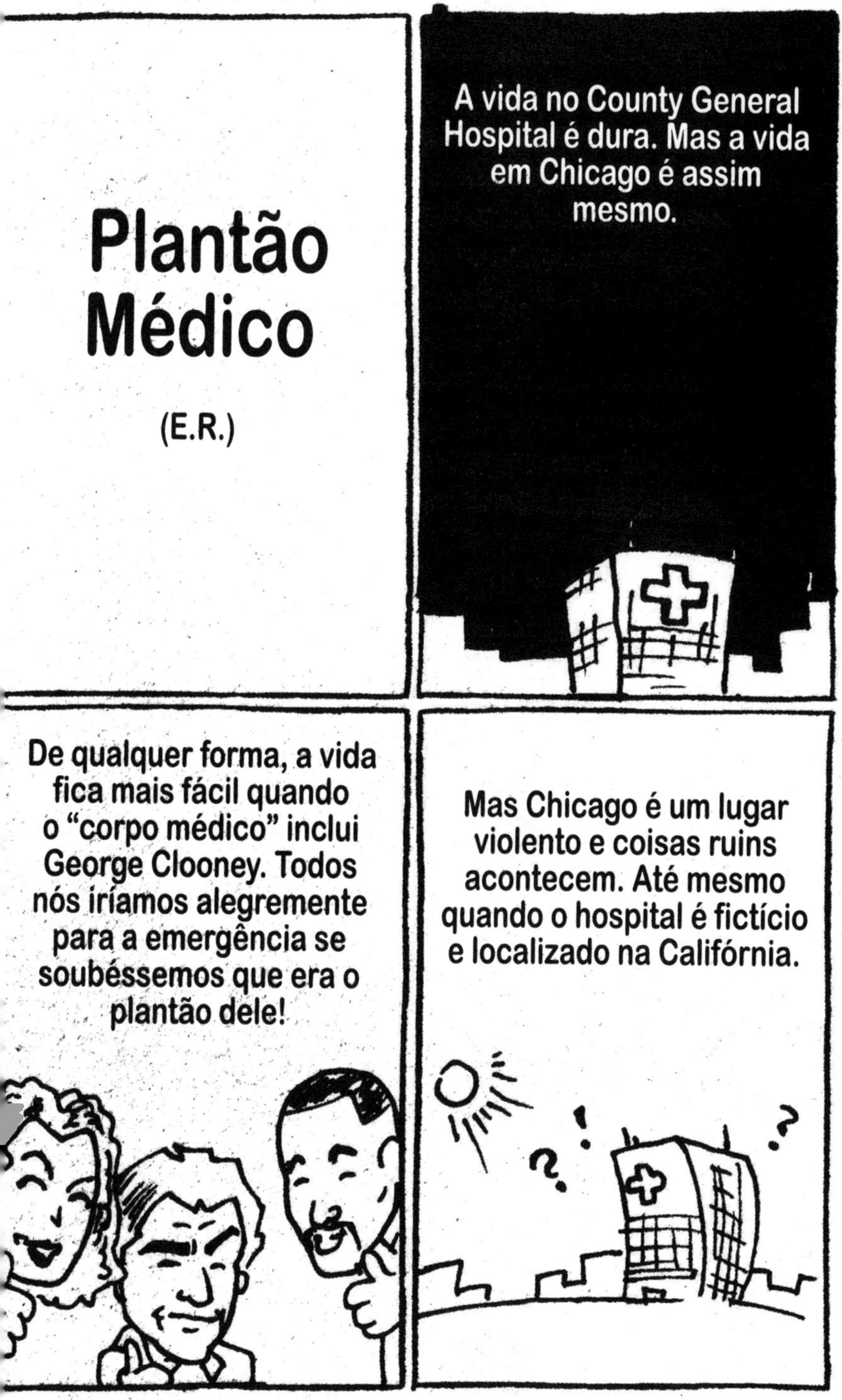
Plantão Médico
(E.R.)
A vida no County General Hospital é dura. Mas a vida em Chicago é assim mesmo.
De qualquer forma, a vida fica mais fácil quando o “corpo médico” inclui George Clooney. Todos nós iríamos alegremente para a emergência se soubéssemos que era o plantão dele!
Mas Chicago é um lugar violento e coisas ruins acontecem. Até mesmo quando o hospital é fictício e localizado na Califórnia.
?
!
?

54

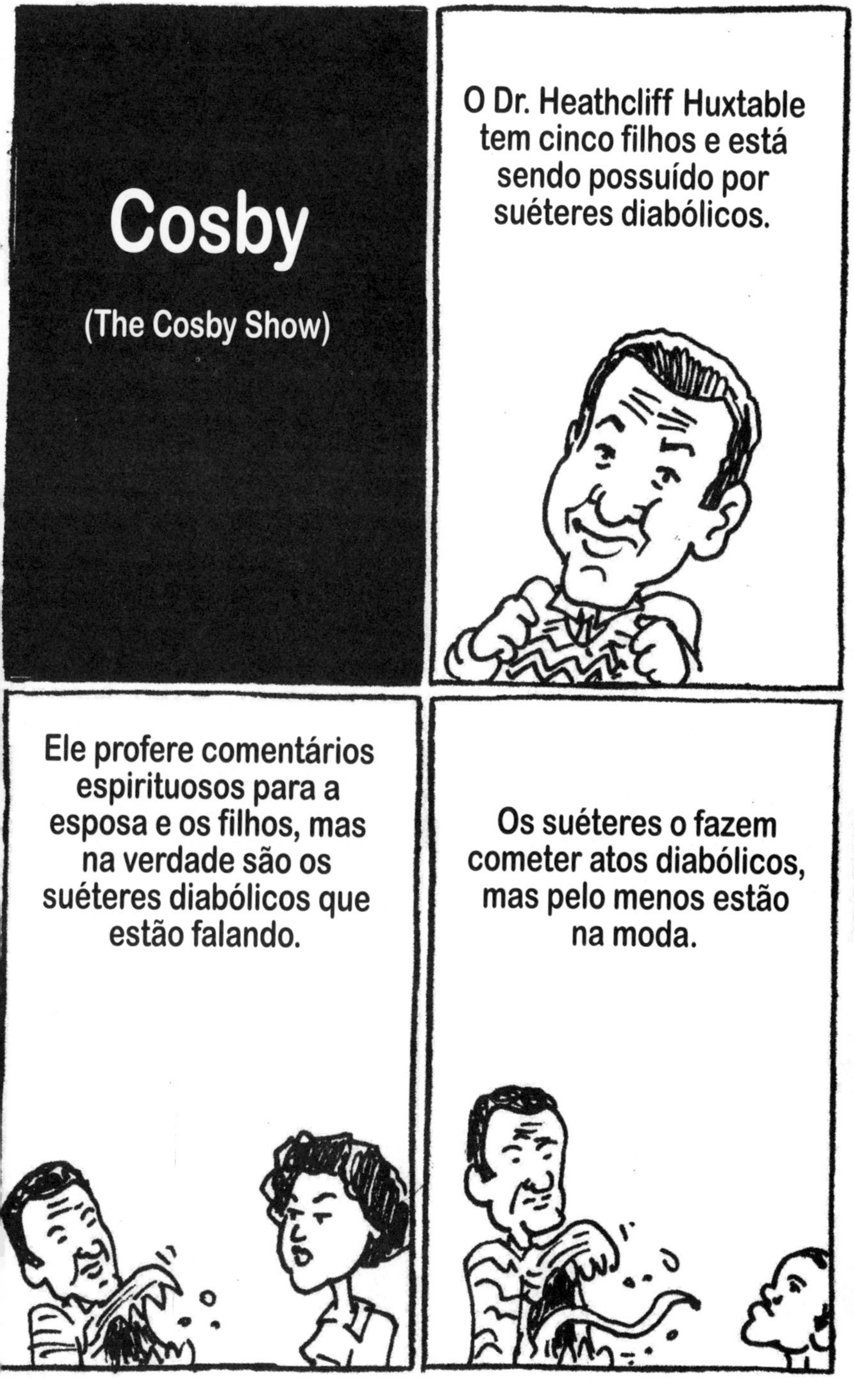
Cosby
(The Cosby Show)
O Dr. Heathcliff Huxtable tem cinco filhos e está sendo possuído por suéteres diabólicos.
Ele profere comentários espirituosos para a esposa e os filhos, mas na verdade são os suéteres diabólicos que estão falando.
Os suéteres o fazem cometer atos diabólicos, mas pelo menos estão na moda.

56

Happy Days

Fonzie é "o cara"! Ele tenta ensinar Richie a ser um pegador. Ele até faz Milwaukee parecer um lugar legal!

Fonzie pega todas as garotas com um estalar de dedos. Ralph e Potsie são invejosos. A Sra. C é louca por Fonzie.

As coisas se tornam menos legais no final e acabam resultando em bizarrices do tipo Joanie amando Chachi. Mas Fonzie continua sendo "o cara".

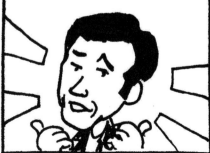

58

O Barco do Amor

(The Love Boat)

"Amor, emoção e novidade. Venham a bordo. Estamos esperando por vocês."

Sim, o capitão Stubing, Doc, Gopher, Isaac e Julie estão esperando por você.

"O Barco do Amor logo vai começar uma nova viagem. O Barco do Amor promete algo para todos. Entre no caminho da aventura. Pense num novo romance."

Sim, é sobre um barco e amor.

"O amor não faz mal a ninguém. É um sorriso aberto numa praia amiga. É o AMOOOOOOOOOORRRR!"

Não há muito a dizer sobre isso... Barco e amor.

60

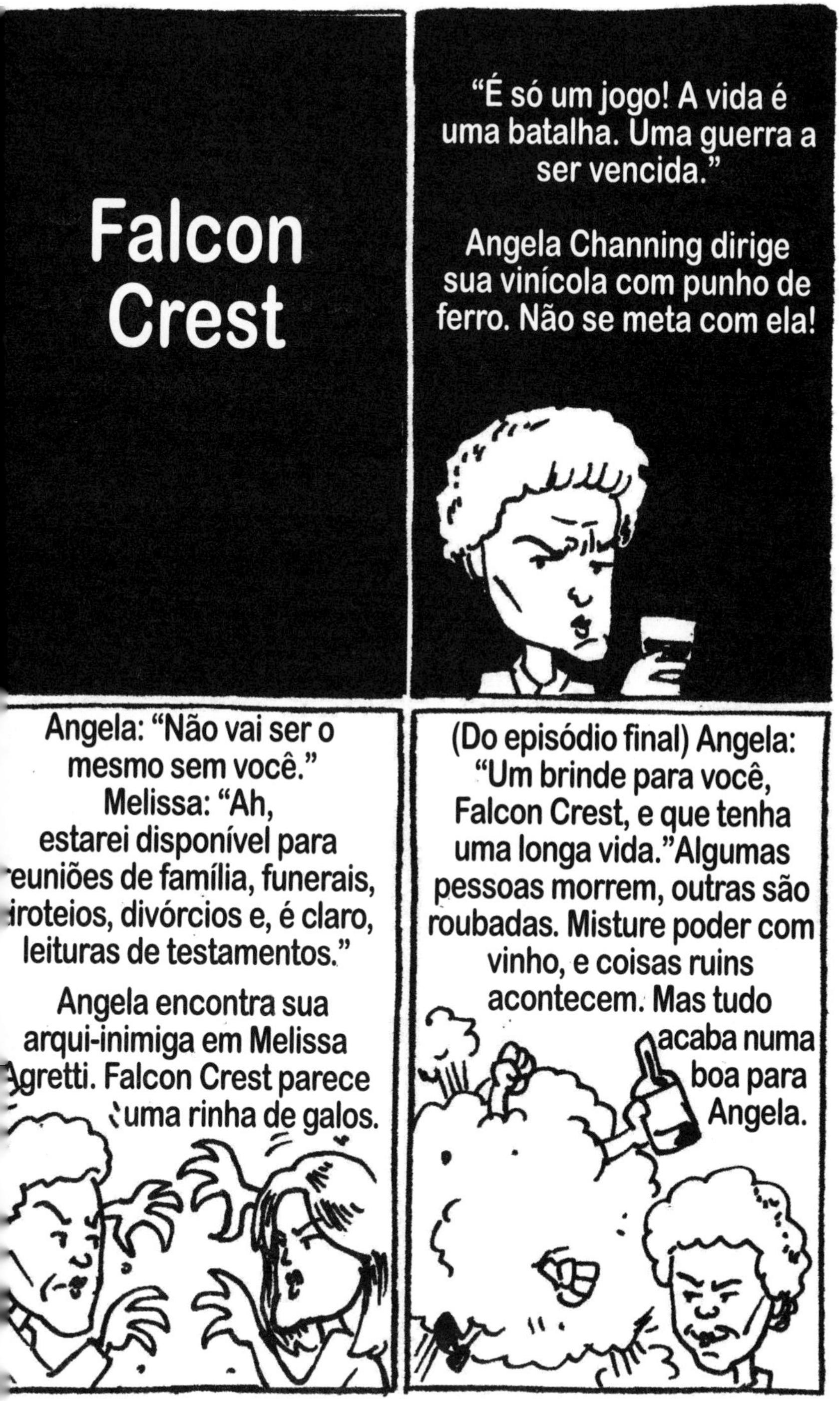
Falcon Crest
"É só um jogo! A vida é uma batalha. Uma guerra a ser vencida."
Angela Channing dirige sua vinícola com punho de ferro. Não se meta com ela!
Angela: "Não vai ser o mesmo sem você." Melissa: "Ah, estarei disponível para reuniões de família, funerais, tiroteios, divórcios e, é claro, leituras de testamentos."
Angela encontra sua arqui-inimiga em Melissa Agretti. Falcon Crest parece uma rinha de galos.
(Do episódio final) Angela: "Um brinde para você, Falcon Crest, e que tenha uma longa vida." Algumas pessoas morrem, outras são roubadas. Misture poder com vinho, e coisas ruins acontecem. Mas tudo acaba numa boa para Angela.

62

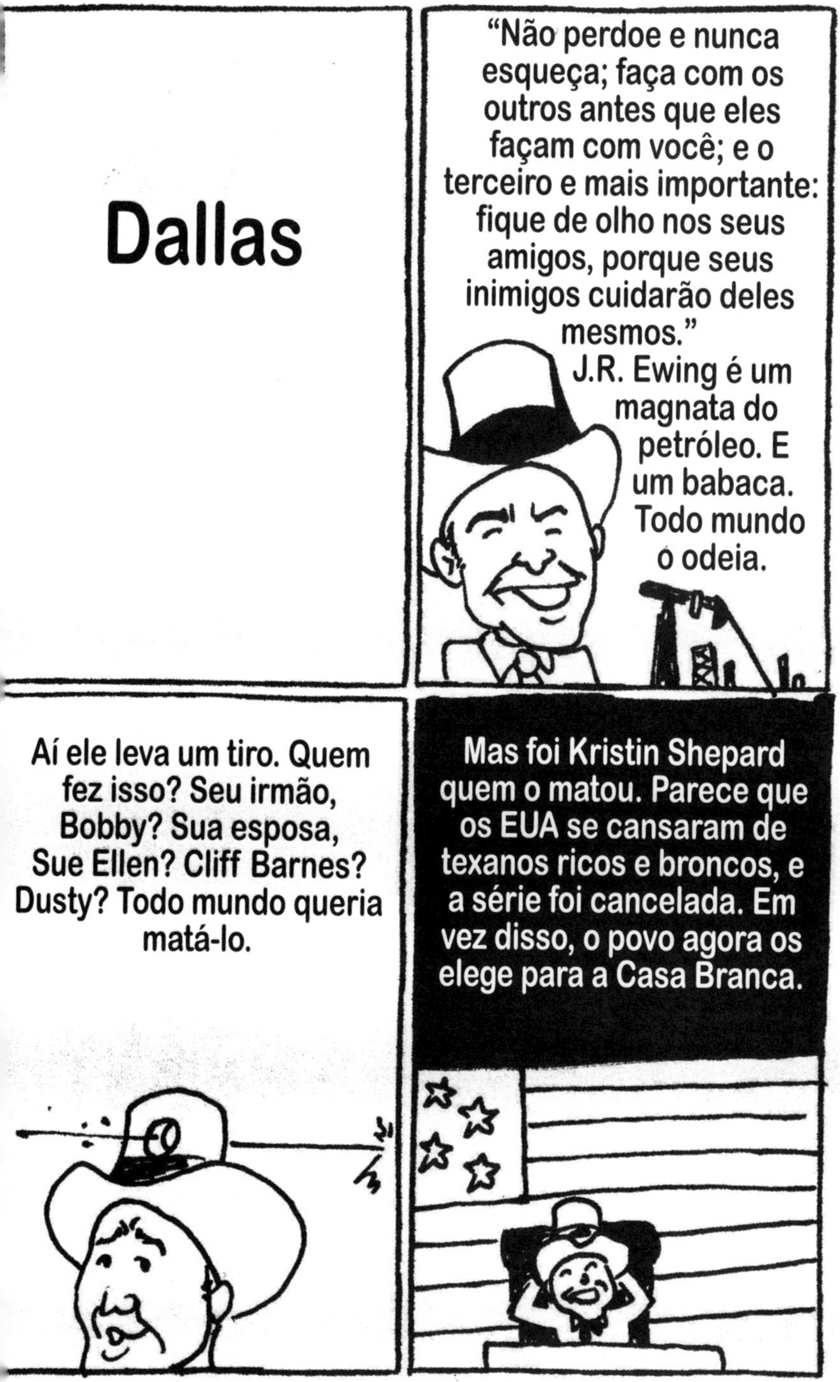

Dallas
"Não perdoe e nunca esqueça; faça com os outros antes que eles façam com você; e o terceiro e mais importante: fique de olho nos seus amigos, porque seus inimigos cuidarão deles mesmos."
J.R. Ewing é um magnata do petróleo. E um babaca. Todo mundo o odeia.
Aí ele leva um tiro. Quem fez isso? Seu irmão, Bobby? Sua esposa, Sue Ellen? Cliff Barnes? Dusty? Todo mundo queria matá-lo.
Mas foi Kristin Shepard quem o matou. Parece que os EUA se cansaram de texanos ricos e broncos, e a série foi cancelada. Em vez disso, o povo agora os elege para a Casa Branca.

64

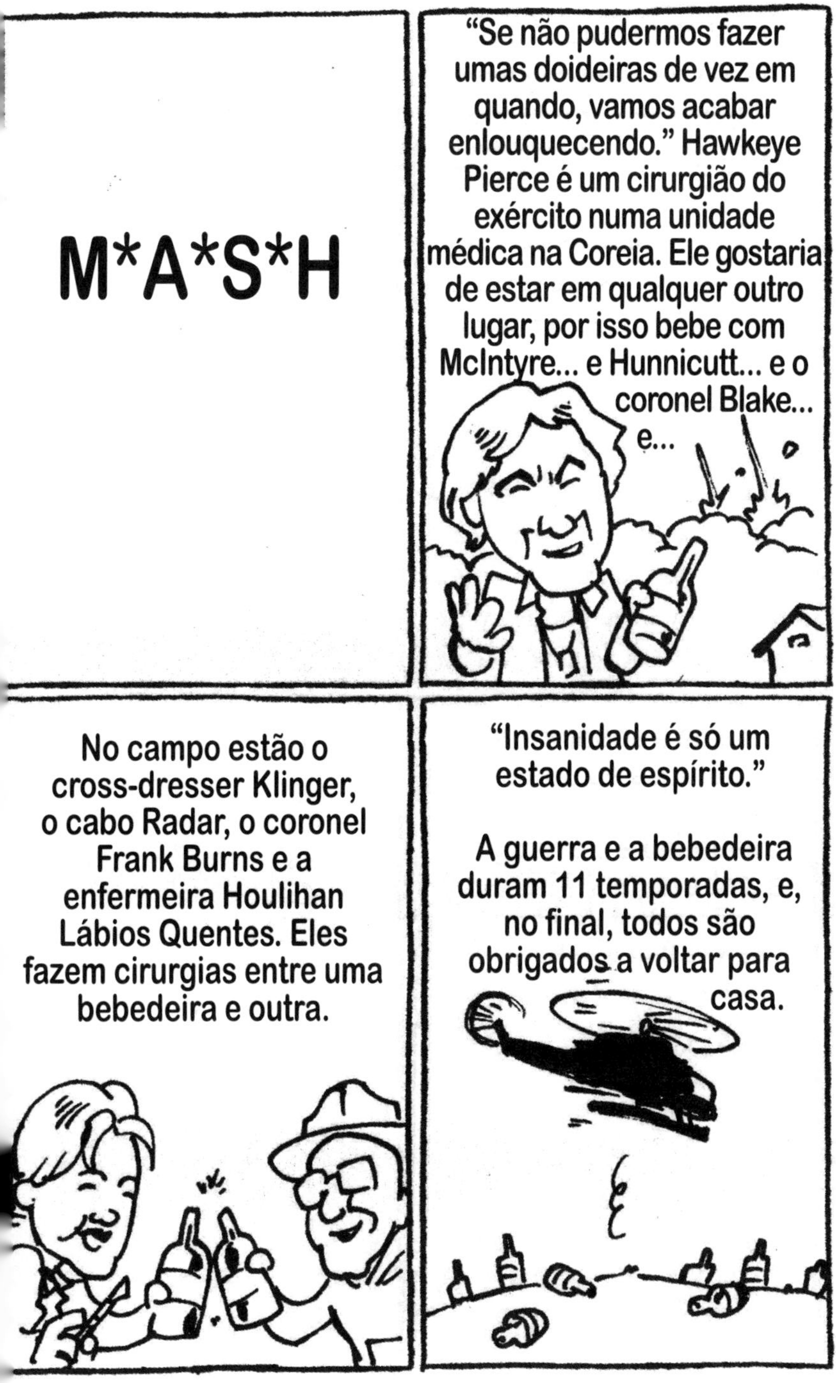
M*A*S*H
"Se não pudermos fazer umas doideiras de vez em quando, vamos acabar enlouquecendo." Hawkeye Pierce é um cirurgião do exército numa unidade médica na Coreia. Ele gostaria de estar em qualquer outro lugar, por isso bebe com McIntyre... e Hunnicutt... e o coronel Blake... e...
No campo estão o cross-dresser Klinger, o cabo Radar, o coronel Frank Burns e a enfermeira Houlihan Lábios Quentes. Eles fazem cirurgias entre uma bebedeira e outra.
"Insanidade é só um estado de espírito."
A guerra e a bebedeira duram 11 temporadas, e, no final, todos são obrigados a voltar para casa.

66

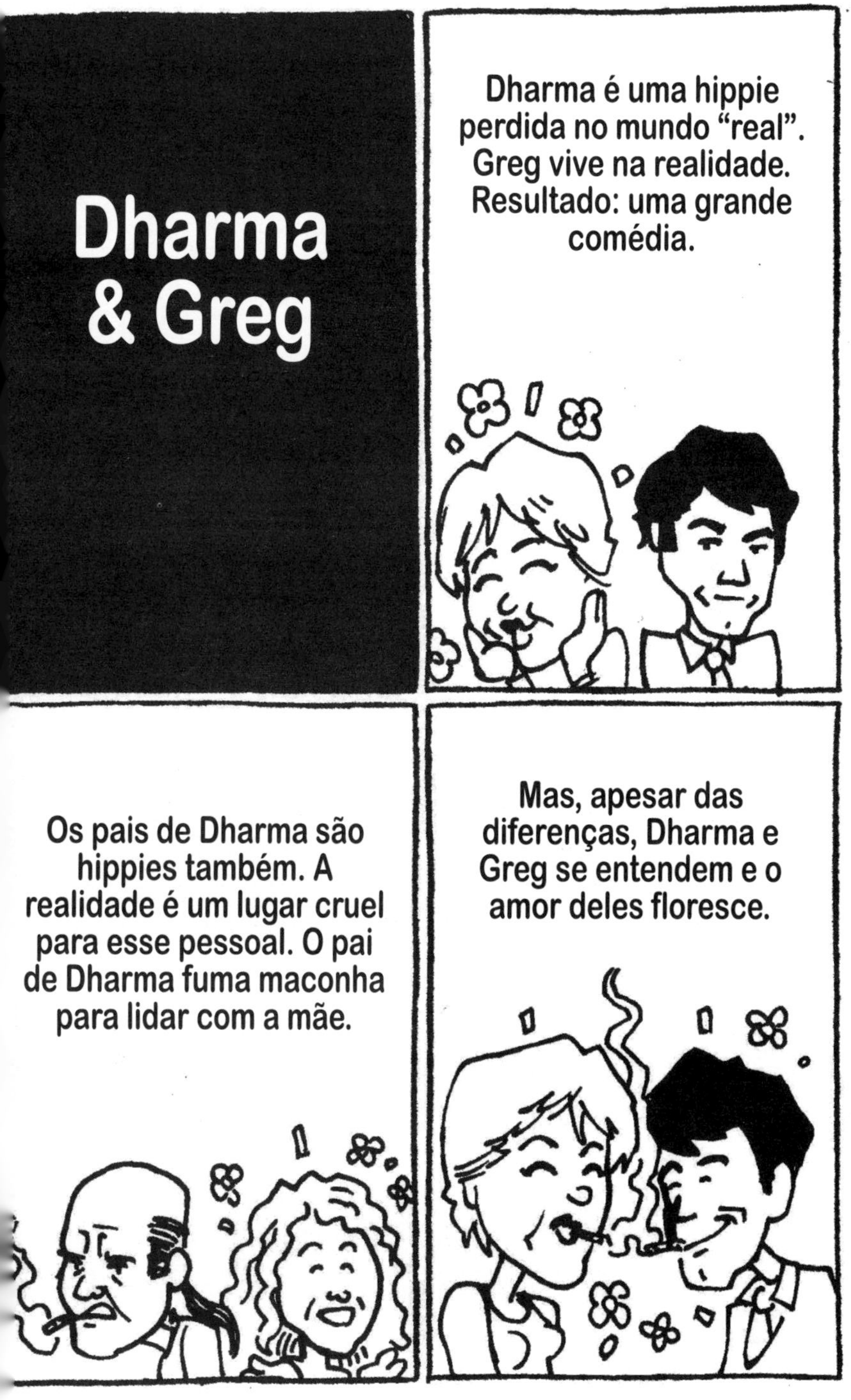
Dharma & Greg
Dharma é uma hippie perdida no mundo "real". Greg vive na realidade. Resultado: uma grande comédia.
Os pais de Dharma são hippies também. A realidade é um lugar cruel para esse pessoal. O pai de Dharma fuma maconha para lidar com a mãe.
Mas, apesar das diferenças, Dharma e Greg se entendem e o amor deles floresce.

68

Beavis e Butt-Head

(Beavis and Butt-Head)

"Já reparou que a Madonna está sempre se masturbando durante seus vídeos?" "Hê, hê, é, eu também." Beavis e Butt-Head ficam sentados no sofá, comendo nachos e assistindo a clipes.

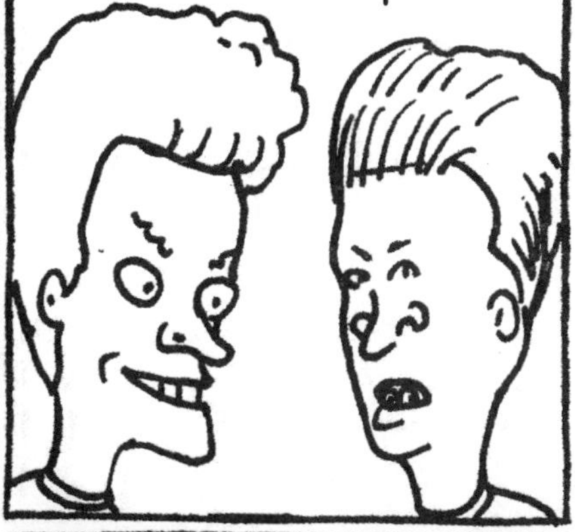

"Sou o Grande Cornholio! Preciso de papel higiênico para o meu rabo. Hê, hê, legal."

Beavis tem problemas com açúcar.

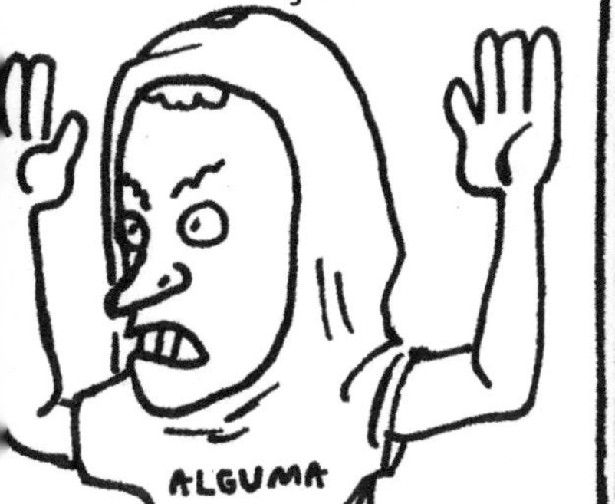
ALGUMA
BANDA
DE ROCK

"Sou uma máquina de prazer."

O objetivo deles é conseguir garotas, mas eles nunca têm sucesso com isso. A TV sempre estará lá à disposição deles, no entanto.

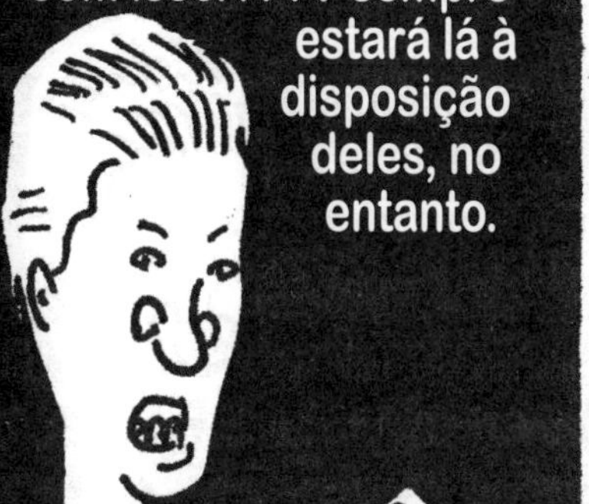

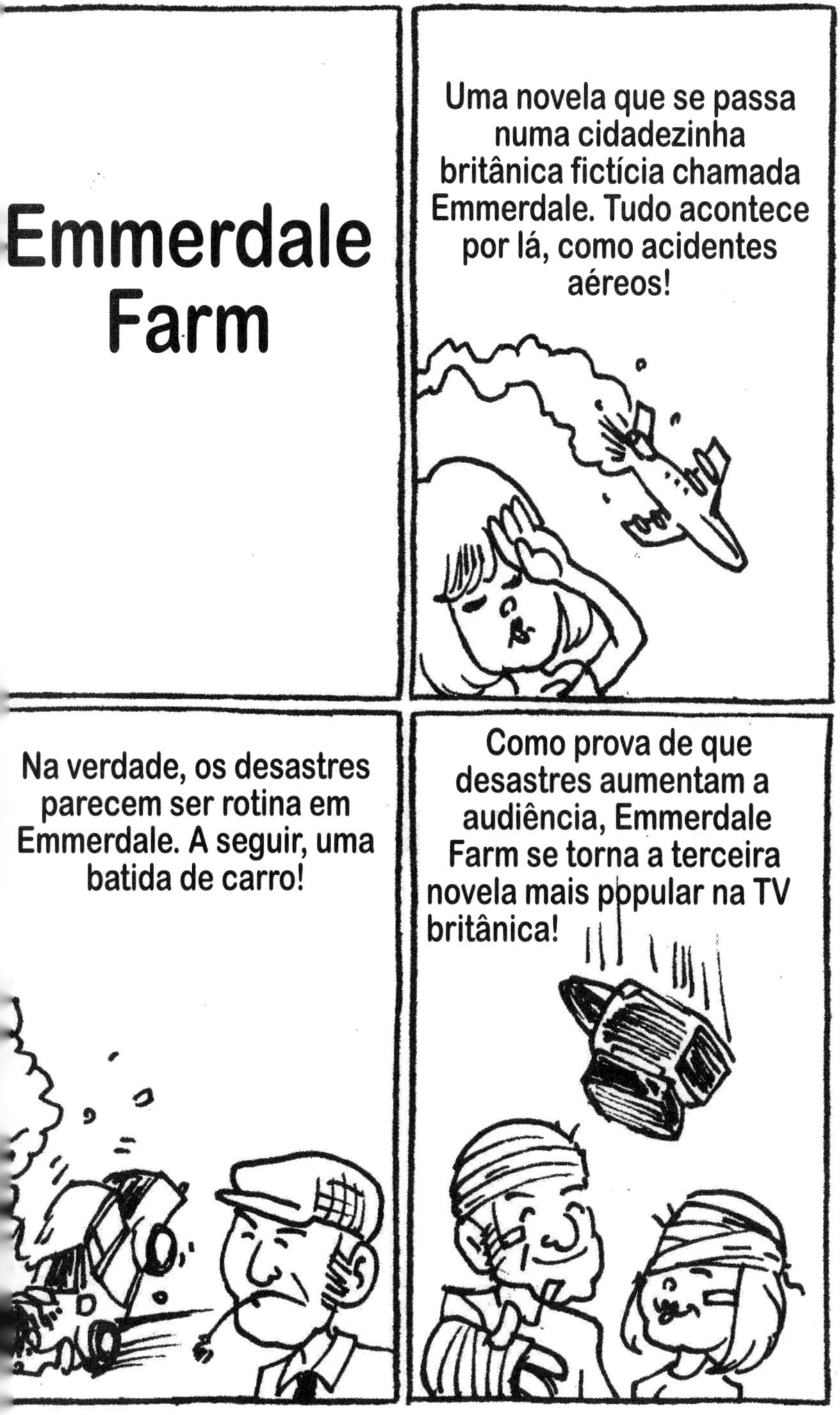
Emmerdale Farm
Uma novela que se passa numa cidadezinha britânica fictícia chamada Emmerdale. Tudo acontece por lá, como acidentes aéreos!
Na verdade, os desastres parecem ser rotina em Emmerdale. A seguir, uma batida de carro!
Como prova de que desastres aumentam a audiência, Emmerdale Farm se torna a terceira novela mais popular na TV britânica!

72

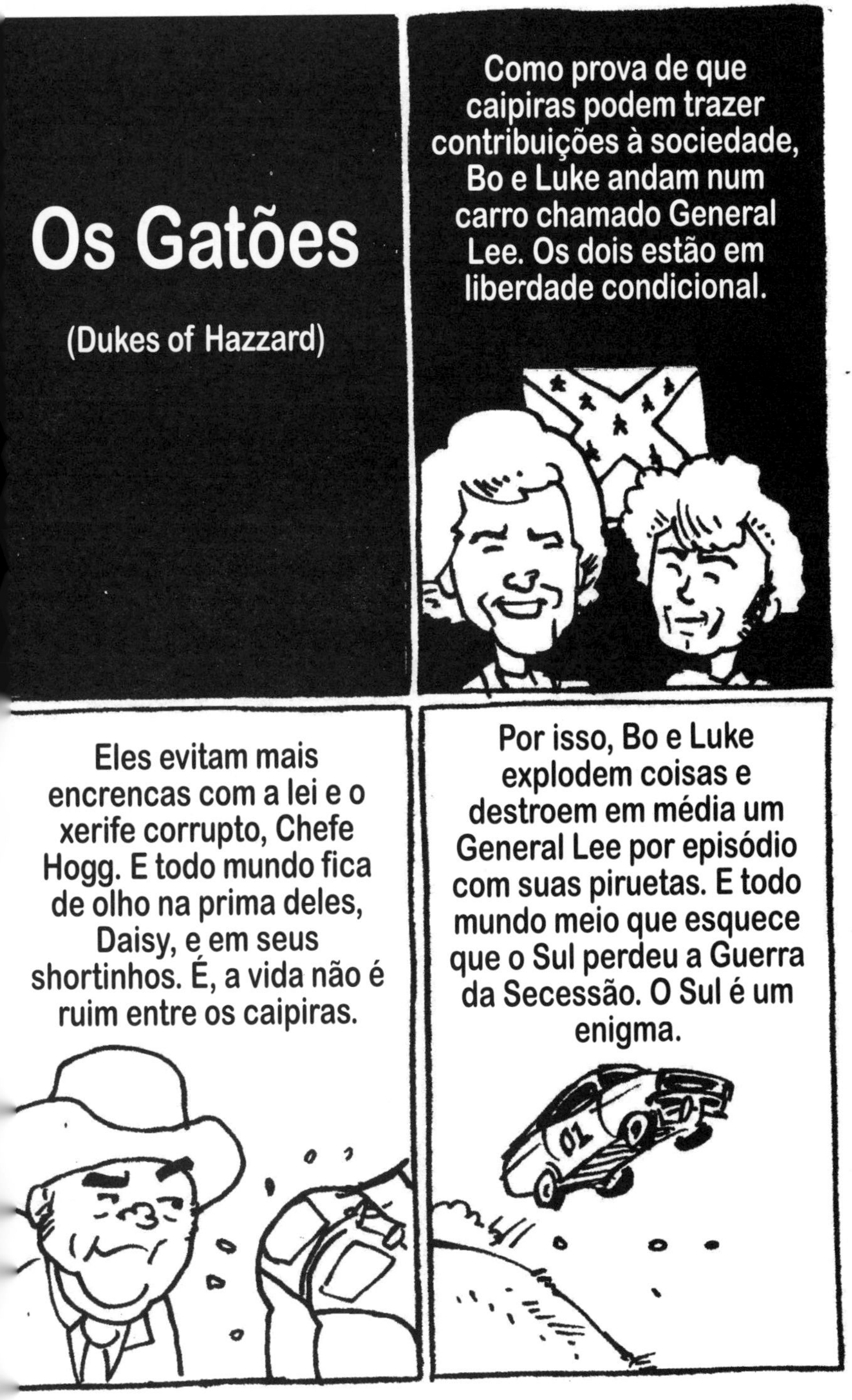
Os Gatões
(Dukes of Hazzard)
Como prova de que caipiras podem trazer contribuições à sociedade, Bo e Luke andam num carro chamado General Lee. Os dois estão em liberdade condicional.
Eles evitam mais encrencas com a lei e o xerife corrupto, Chefe Hogg. E todo mundo fica de olho na prima deles, Daisy, e em seus shortinhos. É, a vida não é ruim entre os caipiras.
Por isso, Bo e Luke explodem coisas e destroem em média um General Lee por episódio com suas piruetas. E todo mundo meio que esquece que o Sul perdeu a Guerra da Secessão. O Sul é um enigma.
01

74

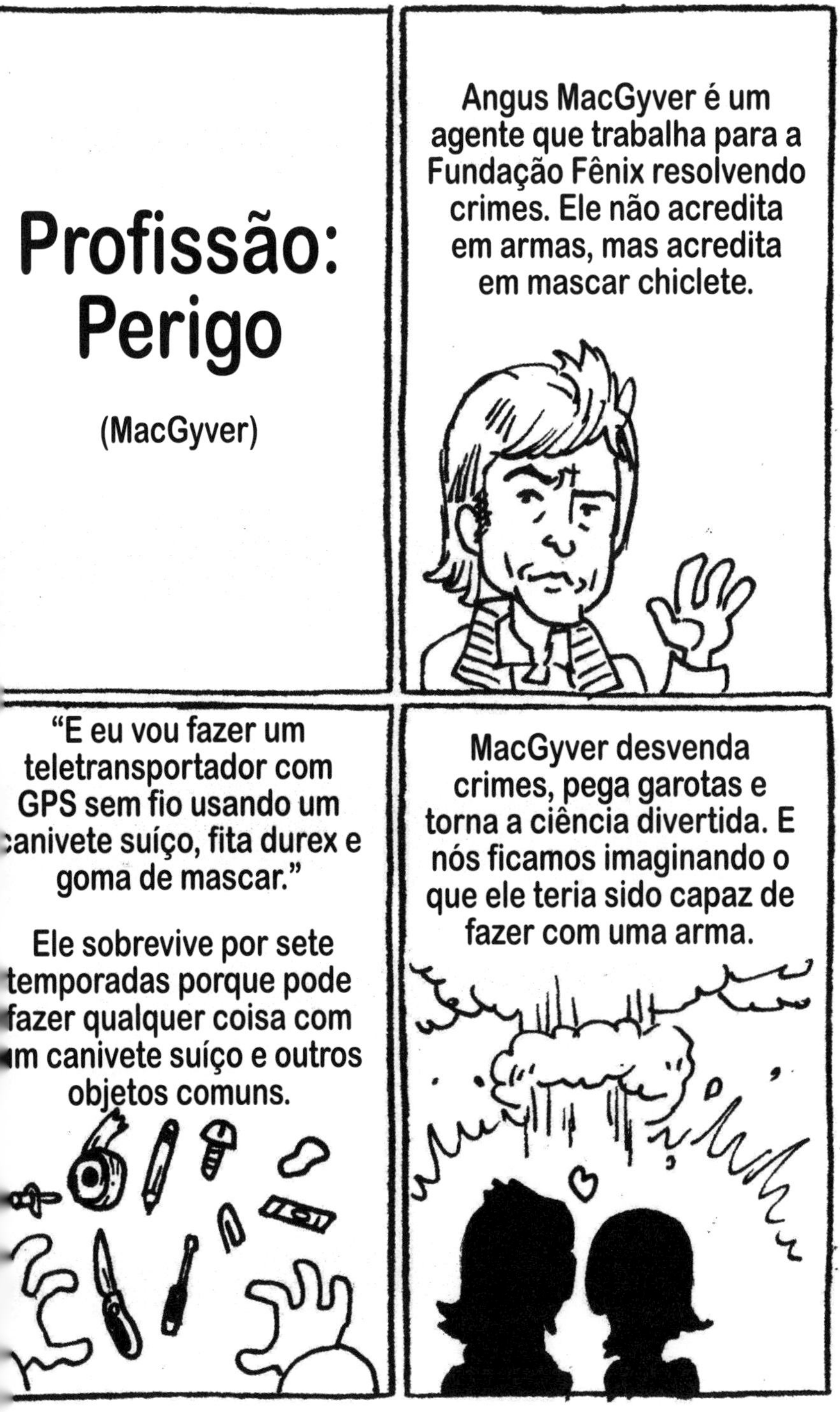
Profissão: Perigo
(MacGyver)
Angus MacGyver é um agente que trabalha para a Fundação Fênix resolvendo crimes. Ele não acredita em armas, mas acredita em mascar chiclete.
"E eu vou fazer um teletransportador com GPS sem fio usando um anivete suíço, fita durex e goma de mascar."
Ele sobrevive por sete temporadas porque pode fazer qualquer coisa com m canivete suíço e outros objetos comuns.
MacGyver desvenda crimes, pega garotas e torna a ciência divertida. E nós ficamos imaginando o que ele teria sido capaz de fazer com uma arma.

76

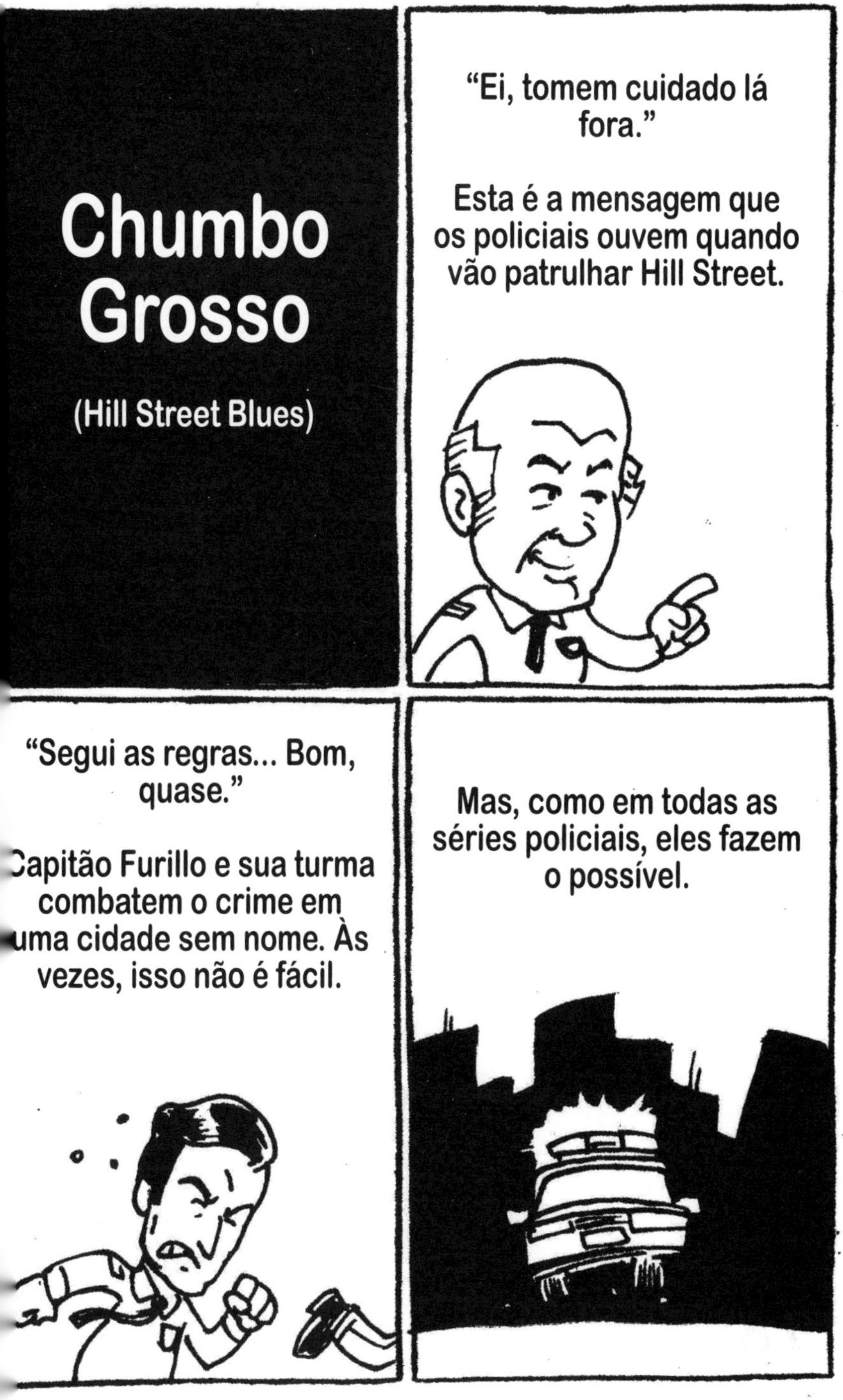
Chumbo Grosso
(Hill Street Blues)
"Ei, tomem cuidado lá fora."
Esta é a mensagem que os policiais ouvem quando vão patrulhar Hill Street.
"Segui as regras... Bom, quase."
Capitão Furillo e sua turma combatem o crime em uma cidade sem nome. Às vezes, isso não é fácil.
Mas, como em todas as séries policiais, eles fazem o possível.

78

A Família Addams

(Addams Family)

A família Addams é uma espécie de versão zumbi da família americana ideal.

Os donos da casa são Gomez e Morticia Addams. Mas lá também moram o Tio Fester, o mordomo Lurch e os filhos Wednesday e Pugsley. Às vezes, o Primo It aparece também.

"Olhem para o Sr. Addams. Ele sempre tem um novo projeto." Gomez: "Agora eu tenho a mais invejável coleção de laudos de legistas de todo o bairro." O que você faria se eles se mudassem para a sua rua? Meu conselho seria vender a casa o mais rapidamente possível. A especulação imobiliária lá ocorreria ao contrário.

80

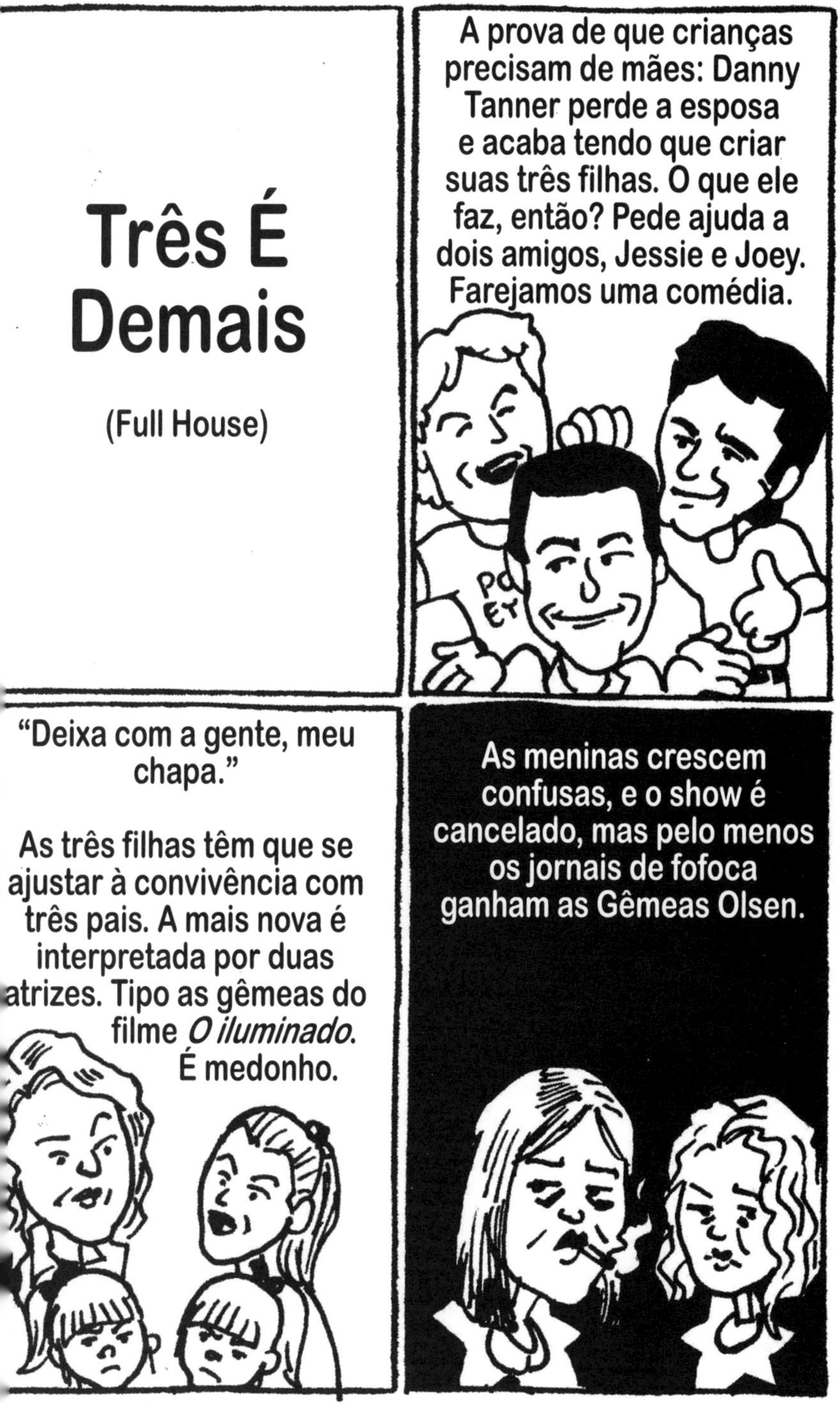
Três É Demais
(Full House)
A prova de que crianças precisam de mães: Danny Tanner perde a esposa e acaba tendo que criar suas três filhas. O que ele faz, então? Pede ajuda a dois amigos, Jessie e Joey. Farejamos uma comédia.
PO ET
"Deixa com a gente, meu chapa."
As três filhas têm que se ajustar à convivência com três pais. A mais nova é interpretada por duas atrizes. Tipo as gêmeas do filme *O iluminado*. É medonho.
As meninas crescem confusas, e o show é cancelado, mas pelo menos os jornais de fofoca ganham as Gêmeas Olsen.

82

Home Improvement

"Alguns carpinteiros perguntam: Por quê? Este carpinteiro pergunta: Por que não? Jill, a mulher deste carpinteiro, pergunta: Por que eu?"

Tim Taylor apresenta o show "Hora da carpintaria" e vive com a mulher e os filhos.

"Wilson, você está nu?" Wilson: "Não, Tim, estou de chapéu."

Wilson, seu vizinho zen, nunca mostra o rosto. Ele está escondendo alguma coisa.

Tim constrói coisas e dirige carrões. Sua mulher é bastante compreensiva. "Meu ginecologista acaba de dizer que o Dr. Kaplan é o melhor urologista da cidade. Como devo conversar com uma mulher sobre o que acontece no mundo masculino? Agora você tem um parque de diversões no meio das pernas?"

84

Um Amor de Família

(Married With Children)

"Trabalho em uma sapataria. Ganho um salário de merda e mesmo assim odeio ir para casa." As famílias de baixa renda nunca pareceram tão gloriosas como os Bundy. Al é um vendedor de sapatos femininos que está sempre sonhando com os dias em que jogava futebol no ginásio. Peggy, sua esposa, é mais preguiçosa que Al. Ela adora ficar sentada em casa comendo bombons.

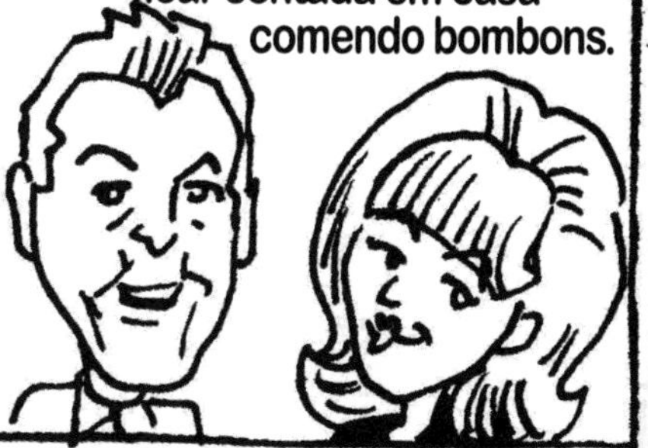

Peggy: "Eu quero sexo."
Al: "Eu também, mas não vejo razão nenhuma para fazer isso com você."
Al e Peg brigam e parecem se odiar, mas, de alguma forma, conseguiram fazer dois filhos: Kelly e Bud.

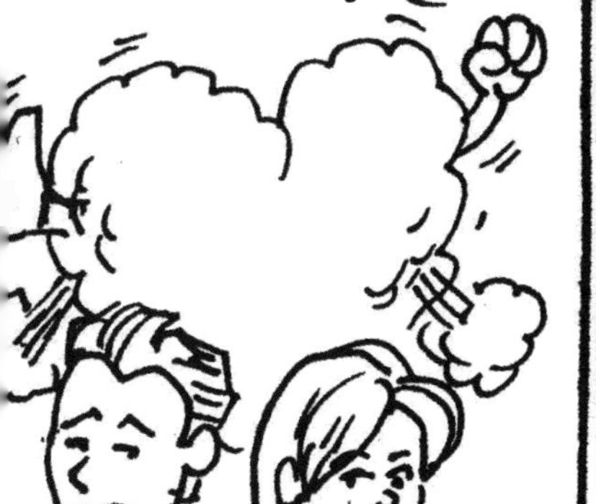

Na verdade, todo mundo parece infeliz. Pertencer à classe baixa não aparenta ter um lado muito bom. Até o cachorro é infeliz.

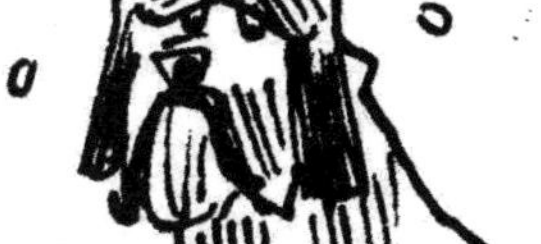

86

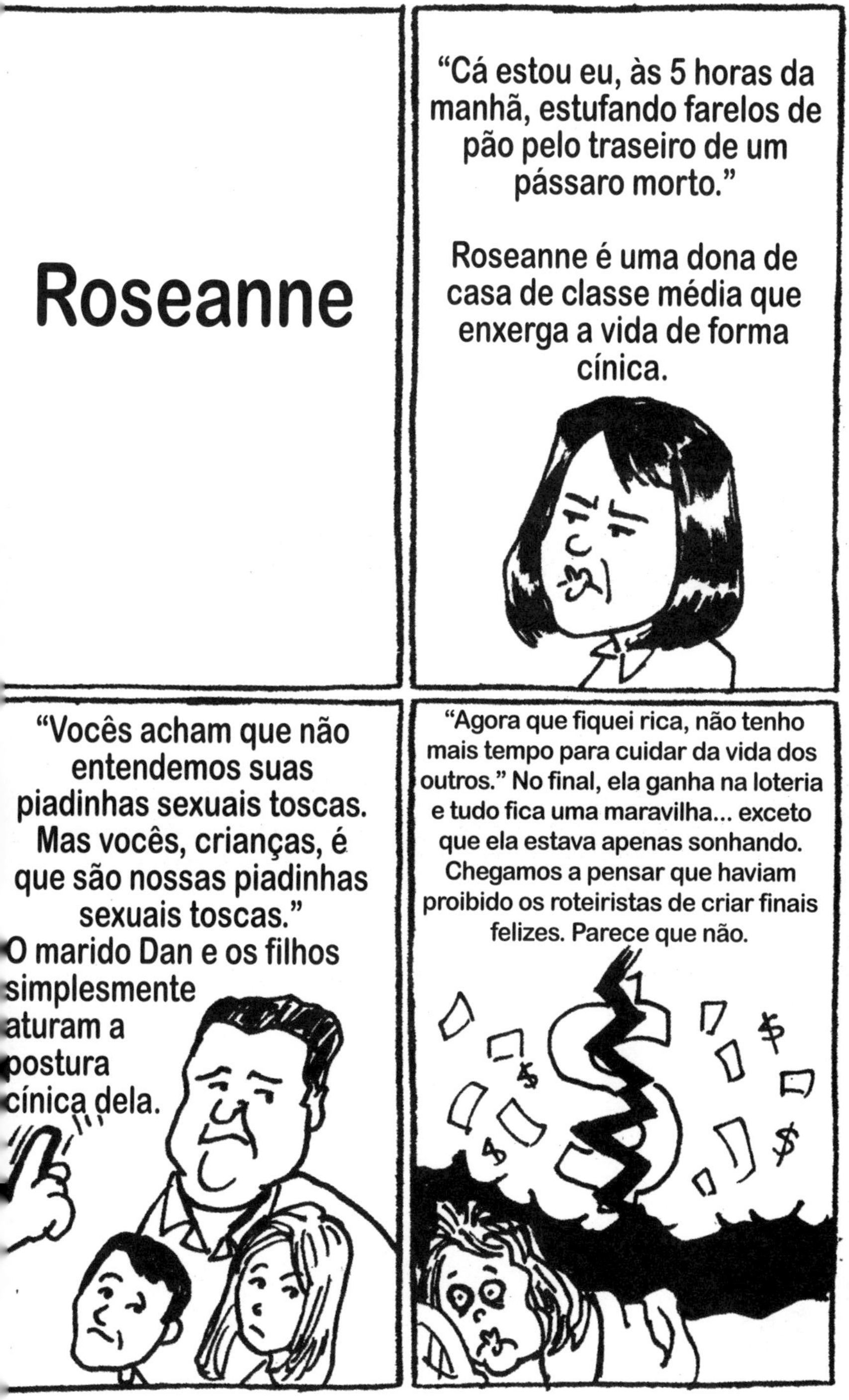
Roseanne
"Cá estou eu, às 5 horas da manhã, estufando farelos de pão pelo traseiro de um pássaro morto."
Roseanne é uma dona de casa de classe média que enxerga a vida de forma cínica.
"Vocês acham que não entendemos suas piadinhas sexuais toscas. Mas vocês, crianças, é que são nossas piadinhas sexuais toscas."
O marido Dan e os filhos simplesmente aturam a postura cínica dela.
"Agora que fiquei rica, não tenho mais tempo para cuidar da vida dos outros." No final, ela ganha na loteria e tudo fica uma maravilha... exceto que ela estava apenas sonhando. Chegamos a pensar que haviam proibido os roteiristas de criar finais felizes. Parece que não.

88

Miami Vice

O mundo da moda é o culpado por esse show, que ressaltava os casacos esportivos e as camisetas em tom pastel dos detetives Crockett e Tubbs, do esquadrão de narcóticos de Miami.

Eles perseguem criminosos em carros sofisticados enquanto ouvimos música e vemos efeitos de luz. Policiais nunca pareceram tão boa-pinta.

E eles sempre acabam em tiroteios com os criminosos, mas Crockett e Tubbs nunca são mortos e suas roupas geralmente saem impecáveis.

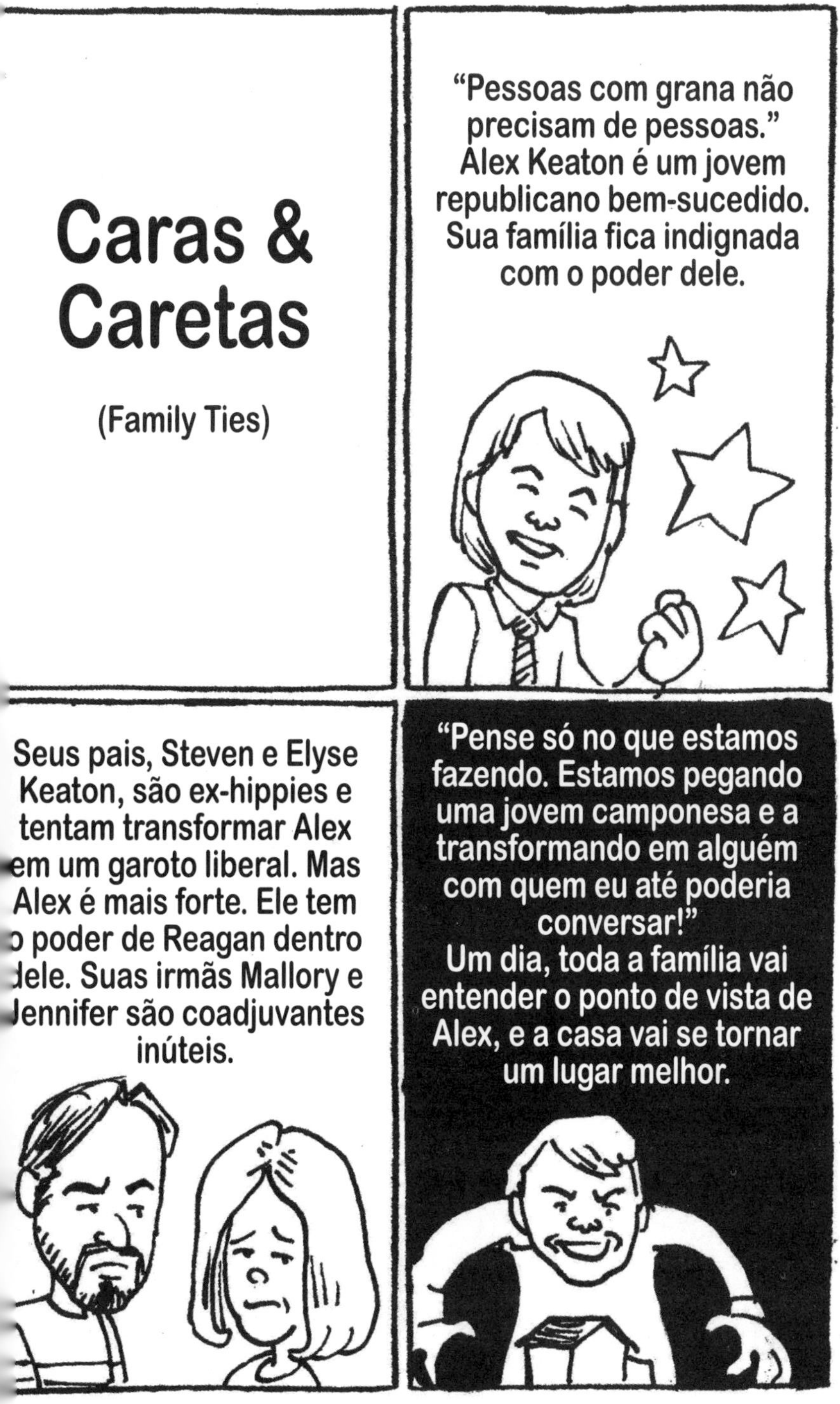
Caras &
Caretas
(Family Ties)
"Pessoas com grana não precisam de pessoas." Alex Keaton é um jovem republicano bem-sucedido. Sua família fica indignada com o poder dele.
Seus pais, Steven e Elyse Keaton, são ex-hippies e tentam transformar Alex em um garoto liberal. Mas Alex é mais forte. Ele tem o poder de Reagan dentro dele. Suas irmãs Mallory e Jennifer são coadjuvantes inúteis.
"Pense só no que estamos fazendo. Estamos pegando uma jovem camponesa e a transformando em alguém com quem eu até poderia conversar!" Um dia, toda a família vai entender o ponto de vista de Alex, e a casa vai se tornar um lugar melhor.

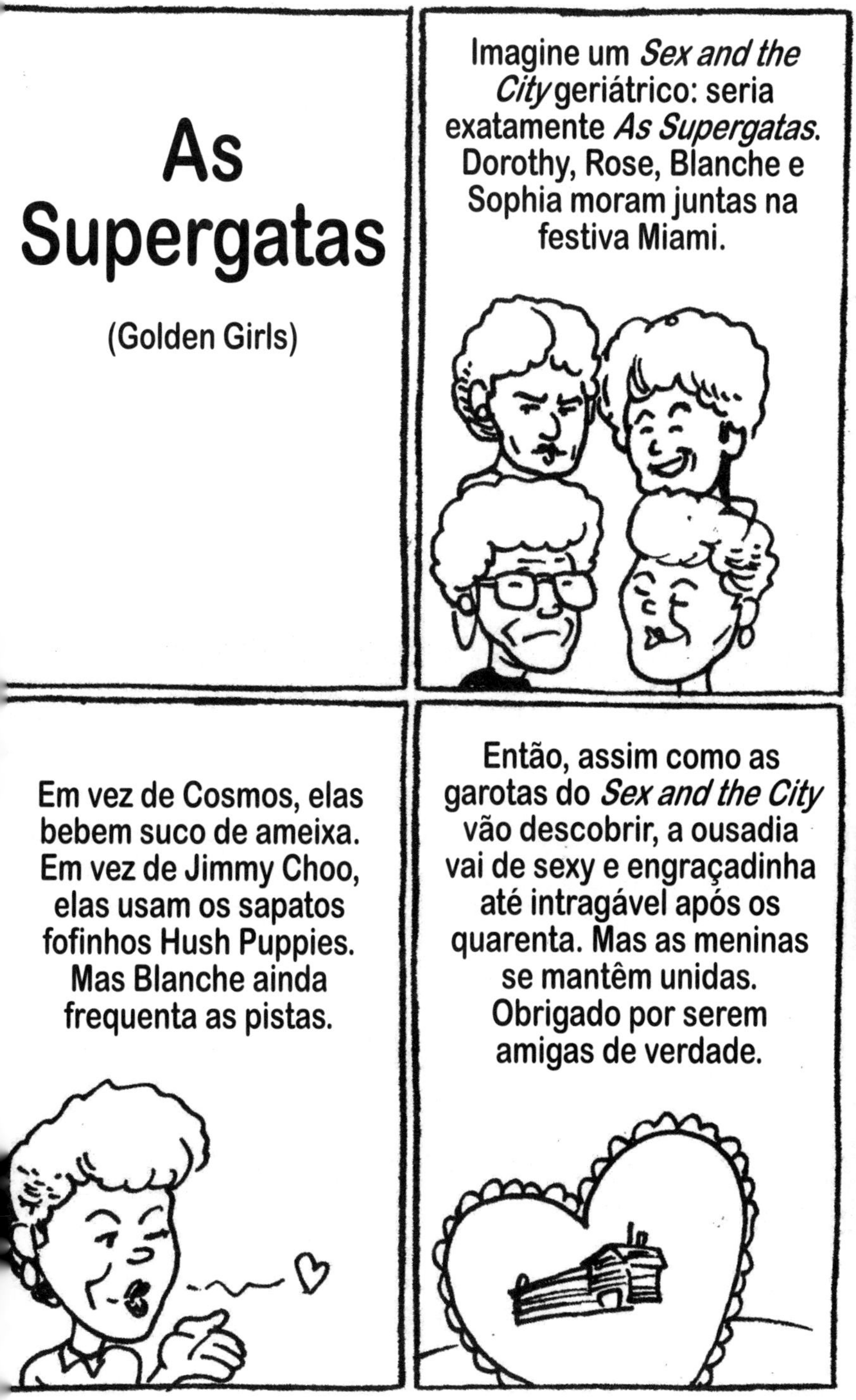
As Supergatas
(Golden Girls)
Imagine um Sex and the City geriátrico: seria exatamente As Supergatas. Dorothy, Rose, Blanche e Sophia moram juntas na festiva Miami.
Em vez de Cosmos, elas bebem suco de ameixa. Em vez de Jimmy Choo, elas usam os sapatos fofinhos Hush Puppies. Mas Blanche ainda frequenta as pistas.
Então, assim como as garotas do Sex and the City vão descobrir, a ousadia vai de sexy e engraçadinha até intragável após os quarenta. Mas as meninas se mantêm unidas. Obrigado por serem amigas de verdade.

94

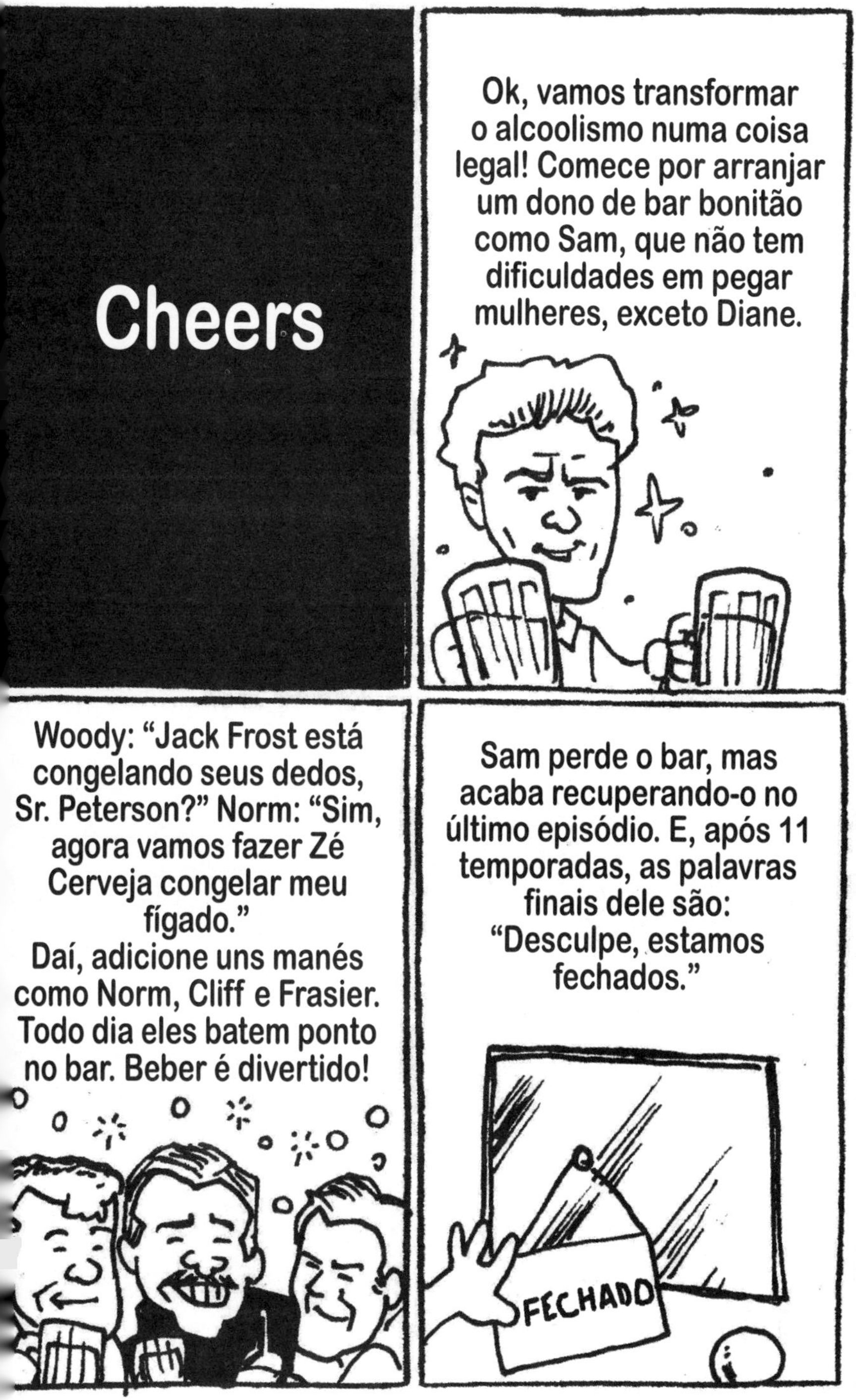
Cheers
Ok, vamos transformar o alcoolismo numa coisa legal! Comece por arranjar um dono de bar bonitão como Sam, que não tem dificuldades em pegar mulheres, exceto Diane.
Woody: “Jack Frost está congelando seus dedos, Sr. Peterson?” Norm: “Sim, agora vamos fazer Zé Cerveja congelar meu fígado.”
Daí, adicione uns manés como Norm, Cliff e Frasier. Todo dia eles batem ponto no bar. Beber é divertido!
Sam perde o bar, mas acaba recuperando-o no último episódio. E, após 11 temporadas, as palavras finais dele são: “Desculpe, estamos fechados.”
FECHADO

96

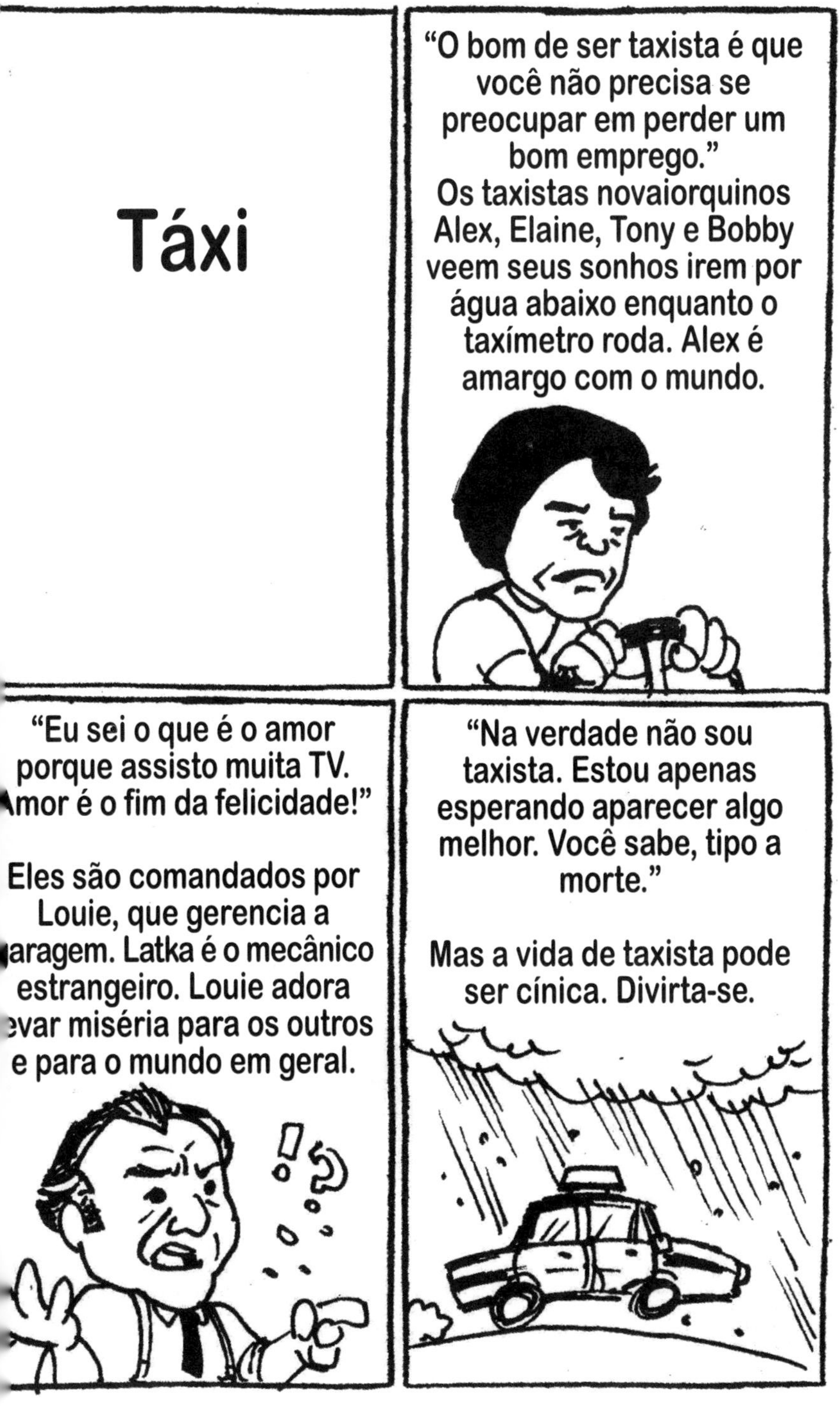
Táxi
"O bom de ser taxista é que você não precisa se preocupar em perder um bom emprego."
Os taxistas novaiorquinos Alex, Elaine, Tony e Bobby veem seus sonhos irem por água abaixo enquanto o taxímetro roda. Alex é amargo com o mundo.
"Eu sei o que é o amor porque assisto muita TV. mor é o fim da felicidade!"
Eles são comandados por Louie, que gerencia a aragem. Latka é o mecânico estrangeiro. Louie adora var miséria para os outros e para o mundo em geral.
"Na verdade não sou taxista. Estou apenas esperando aparecer algo melhor. Você sabe, tipo a morte."
Mas a vida de taxista pode ser cínica. Divirta-se.

98

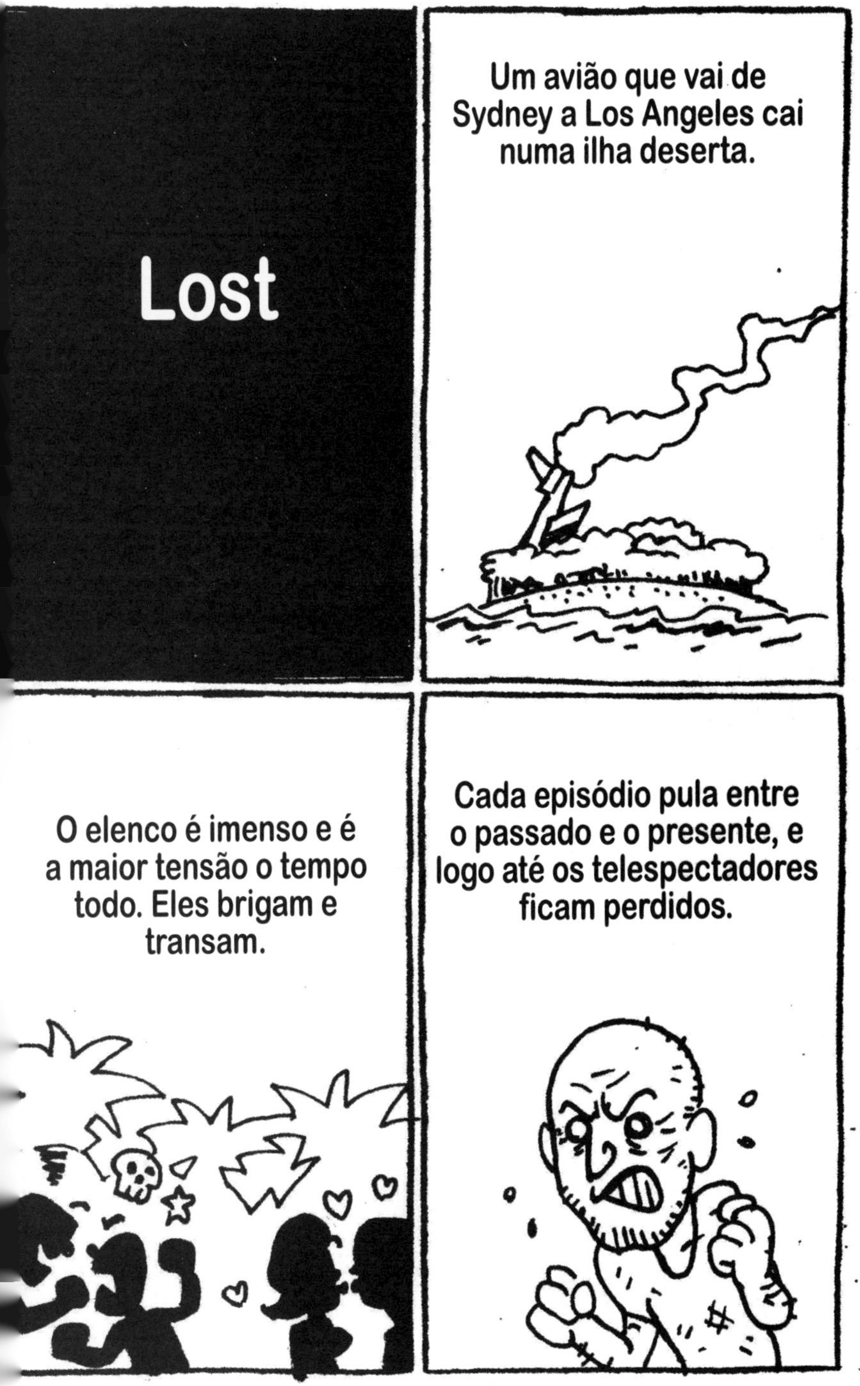
Lost
Um avião que vai de Sydney a Los Angeles cai numa ilha deserta.
O elenco é imenso e é a maior tensão o tempo todo. Eles brigam e transam.
Cada episódio pula entre o passado e o presente, e logo até os telespectadores ficam perdidos.

100

Desperate Housewives

A lição de moral que esta série oferece é: TRAIR É LEGAL! Pelo menos parece que é assim para Susan, Lynette, Gabrielle, Bree e Edie.

Wisteria Lane deve ser um lugar muito chato, uma vez que tudo o que esse pessoal faz é armar, trair e ter pensamentos profundos como:

"De que maneira você se sentiria se eu usasse o dinheiro da pensão alimentícia para fazer cirurgia plástica?"

Sim, é a vida americana no seu melhor: superficial, conivente, manipuladora, insípida, estouvada... Não é de se admirar que essas mulheres estejam desesperadas.

102

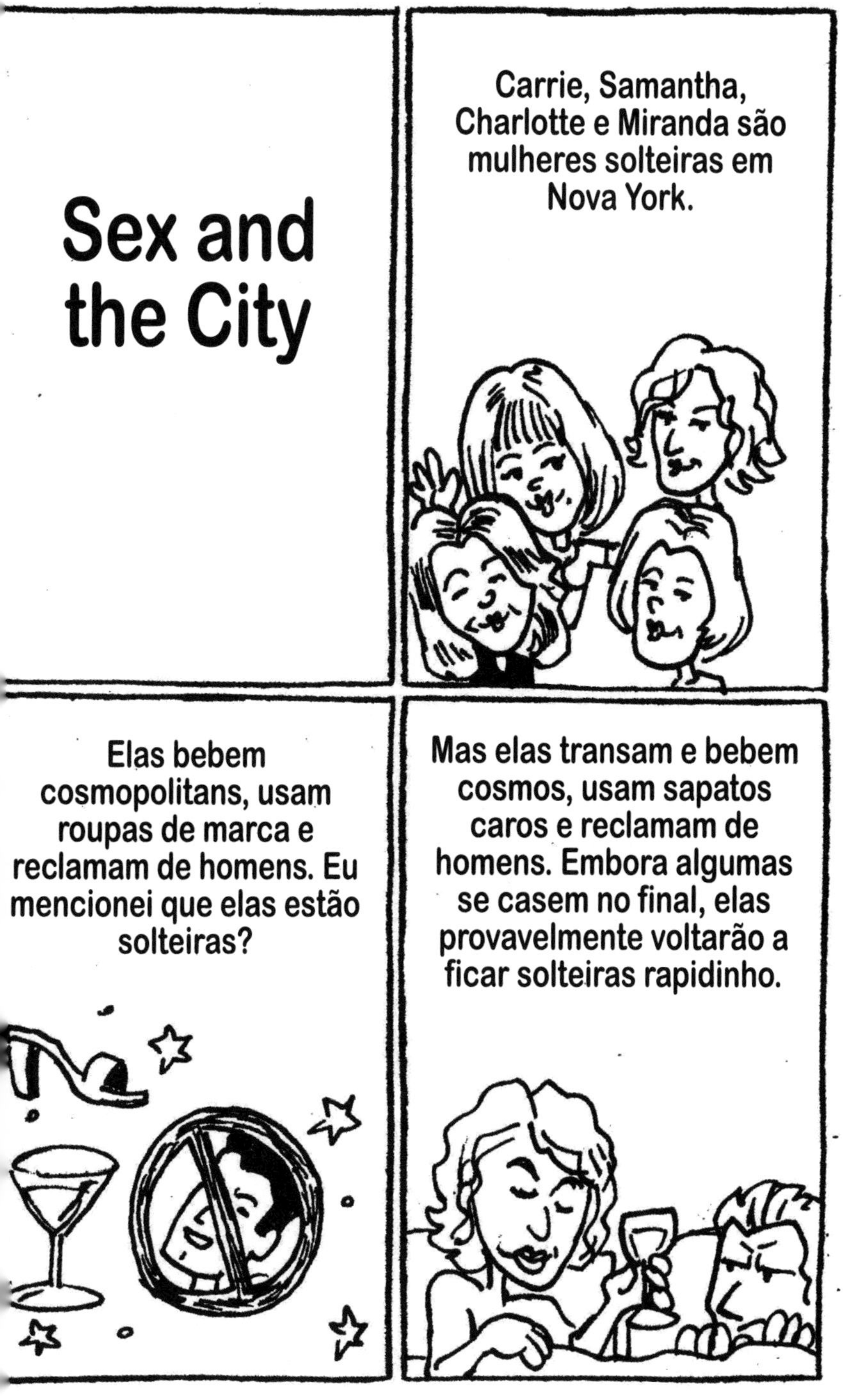
Sex and the City
Carrie, Samantha, Charlotte e Miranda são mulheres solteiras em Nova York.
Elas bebem cosmopolitans, usam roupas de marca e reclamam de homens. Eu mencionei que elas estão solteiras?
Mas elas transam e bebem cosmos, usam sapatos caros e reclamam de homens. Embora algumas se casem no final, elas provavelmente voltarão a ficar solteiras rapidinho.

104

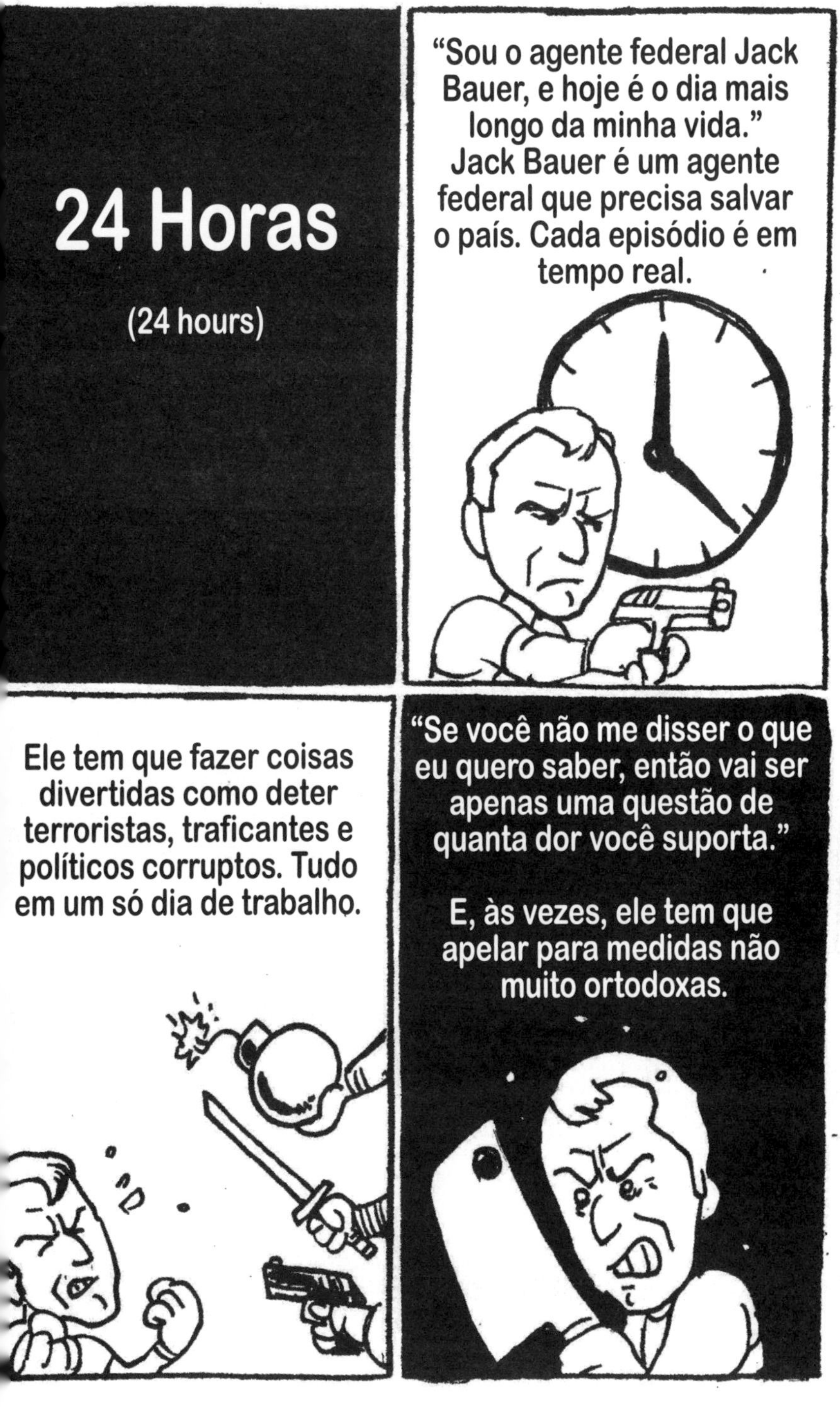
24 Horas
(24 hours)
“Sou o agente federal Jack Bauer, e hoje é o dia mais longo da minha vida.”
Jack Bauer é um agente federal que precisa salvar o país. Cada episódio é em tempo real.
Ele tem que fazer coisas divertidas como deter terroristas, traficantes e políticos corruptos. Tudo em um só dia de trabalho.
“Se você não me disser o que eu quero saber, então vai ser apenas uma questão de quanta dor você suporta.”
E, às vezes, ele tem que apelar para medidas não muito ortodoxas.

106

Scrubs

O Dr. J.D. está tentando se tornar um médico melhor. Ele também tem muitos devaneios durante o expediente. Exatamente o tipo de médico que todos queremos!

"Vocês têm fingido achar graça das minhas piadas. Sejam honestos, prometo que não haverá represálias..." "Bom, na verdade temos fingido isso sim..." "Espero que vocês sofram uma morte violenta e que vermes comam seus corpos..."

Fora o sarcasmo, as risadas são reais.

"Acho que você me confundiu com alguém que realmente se importa. Mas tudo bem, não fique constrangido, acontece o tempo todo. Meu pai cometeu o mesmo erro em seu leito de morte..."
J.D. e seu colega, Turk, brigam com o supervisor de atendimento do hospital, o Dr. Cox.

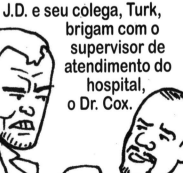

108

South Park

"Oh, meu Deus. O queixo do Jay Leno matou o Kenny. Filho da puta!"

Stan, Kyle, Cartman e Kenny são melhores amigos. Kenny morre em todos os episódios.

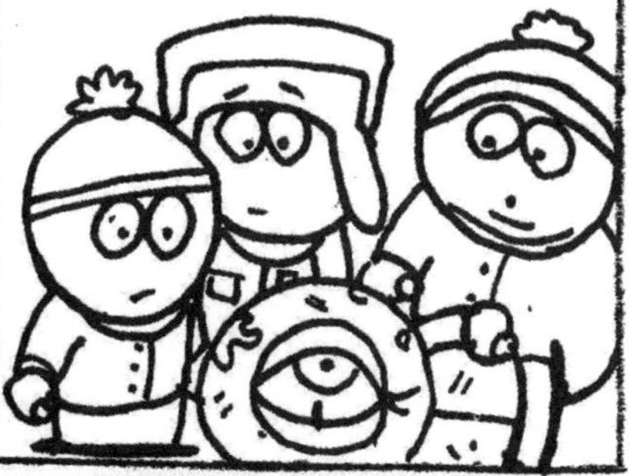

"Venham, crianças. Vamos encontrar uma linda mulher branca para fazer sexo com a gente."

A cantina da escola é tocada pelo Chefe.

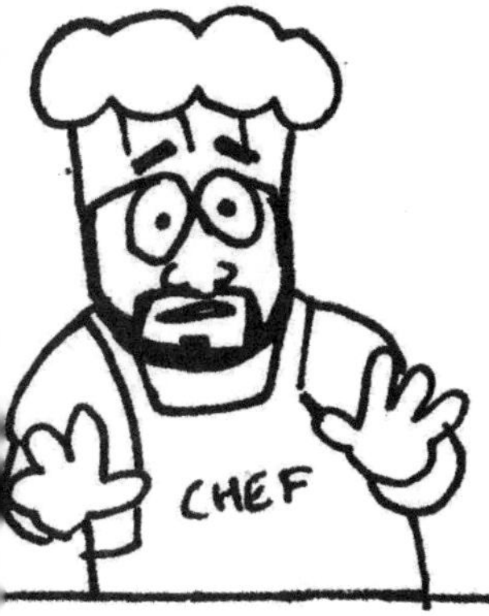
CHEF

"O resto de vocês, vão ver o que está rolando com o Stan. A mãe colocou ele de castigo por tacar fogo em algo. Descubram o que era esse algo e então mintam e digam que era um filhotinho." Cartman está sempre tentando obter o comando.

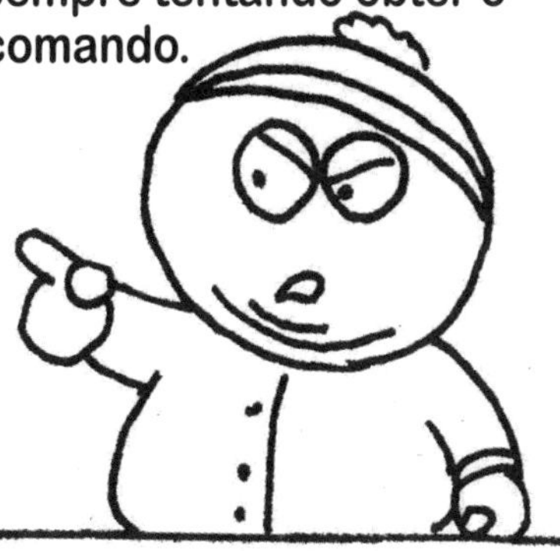

110

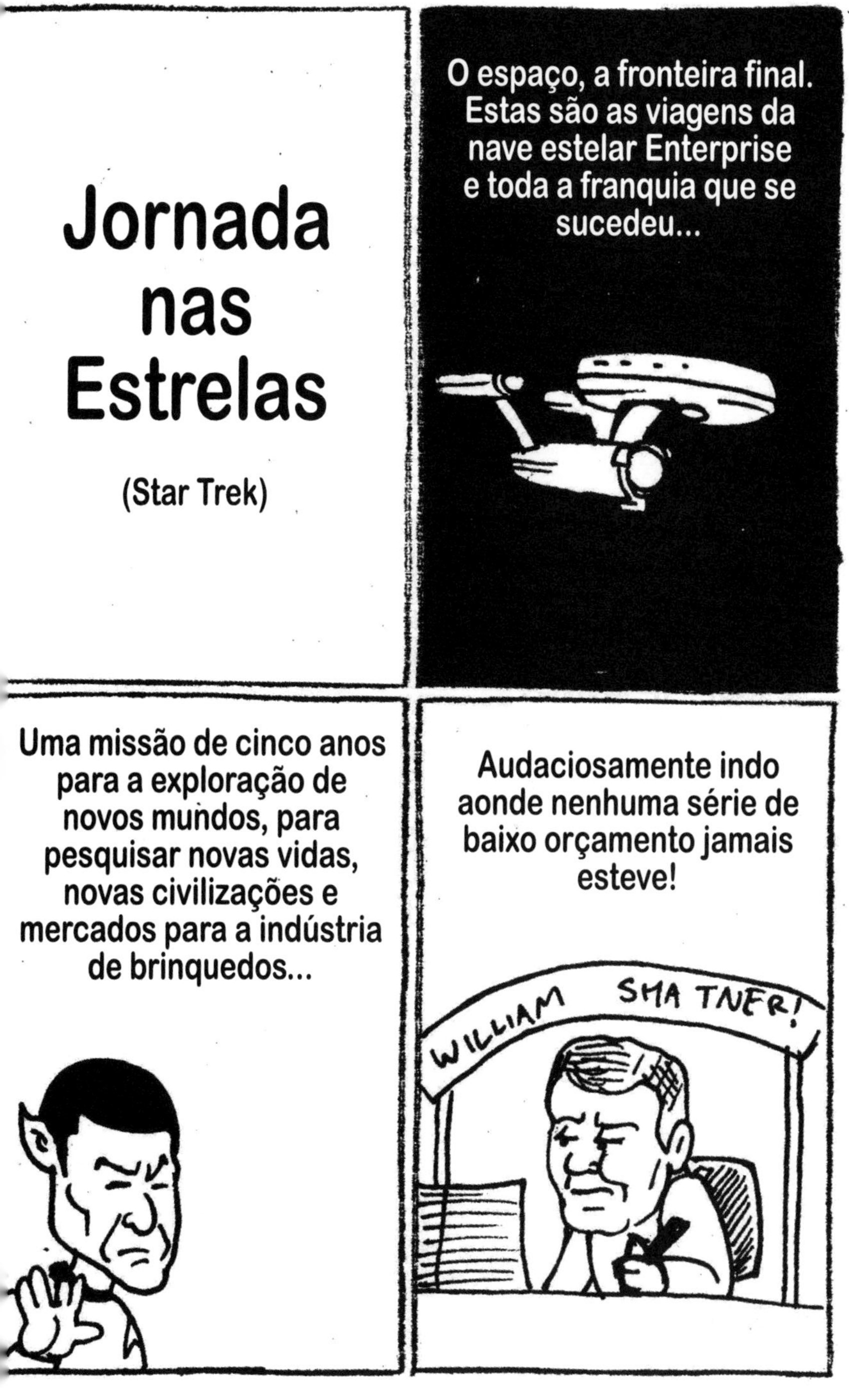
Jornada nas Estrelas
(Star Trek)
O espaço, a fronteira final. Estas são as viagens da nave estelar Enterprise e toda a franquia que se sucedeu...
Uma missão de cinco anos para a exploração de novos mundos, para pesquisar novas vidas, novas civilizações e mercados para a indústria de brinquedos...
Audaciosamente indo aonde nenhuma série de baixo orçamento jamais esteve!
WILLIAM SHATNER!

112

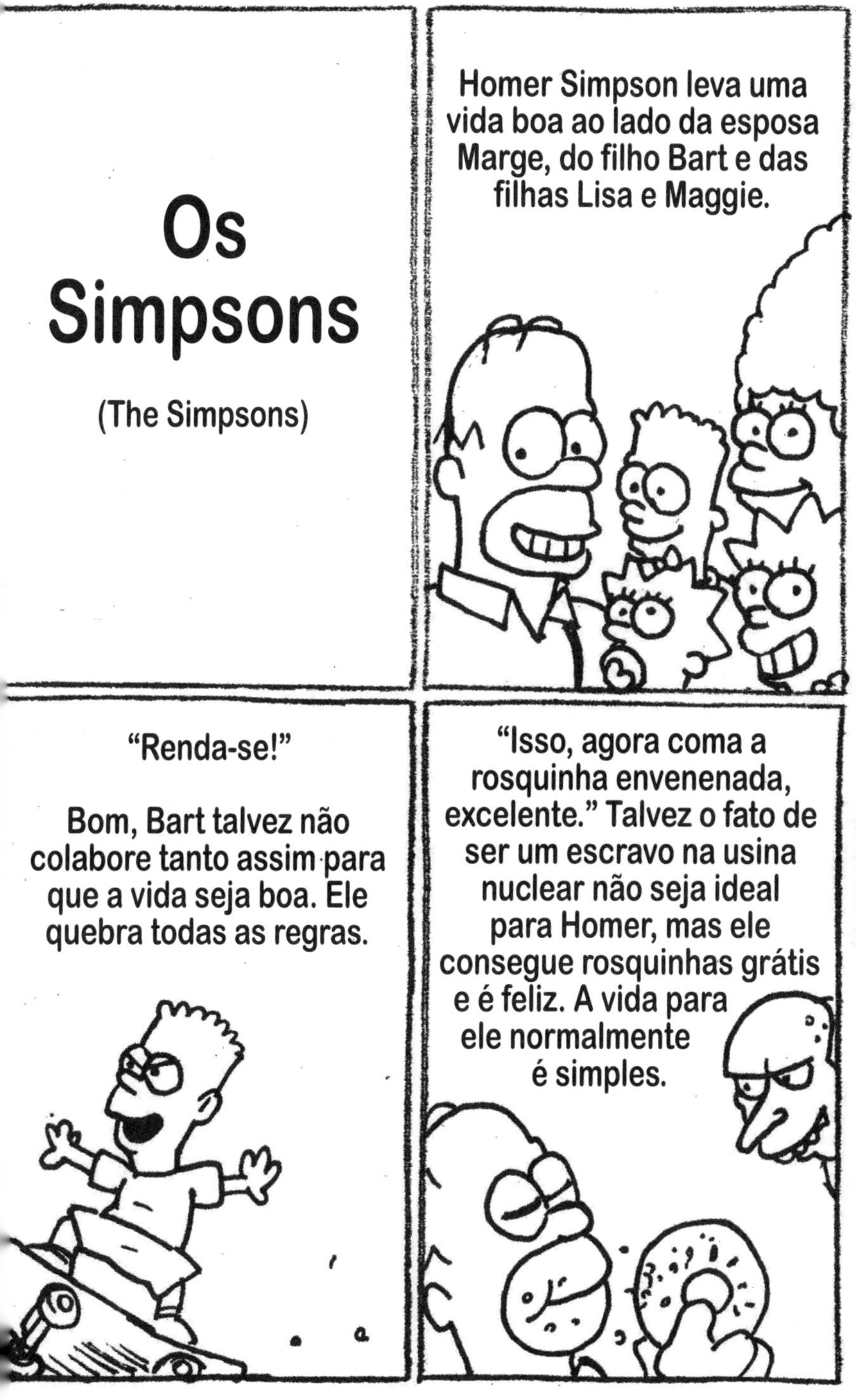
Os Simpsons
(The Simpsons)
Homer Simpson leva uma vida boa ao lado da esposa Marge, do filho Bart e das filhas Lisa e Maggie.
“Renda-se!”
Bom, Bart talvez não colabore tanto assim para que a vida seja boa. Ele quebra todas as regras.
“Isso, agora coma a rosquinha envenenada, excelente.” Talvez o fato de ser um escravo na usina nuclear não seja ideal para Homer, mas ele consegue rosquinhas grátis e é feliz. A vida para ele normalmente é simples.

114

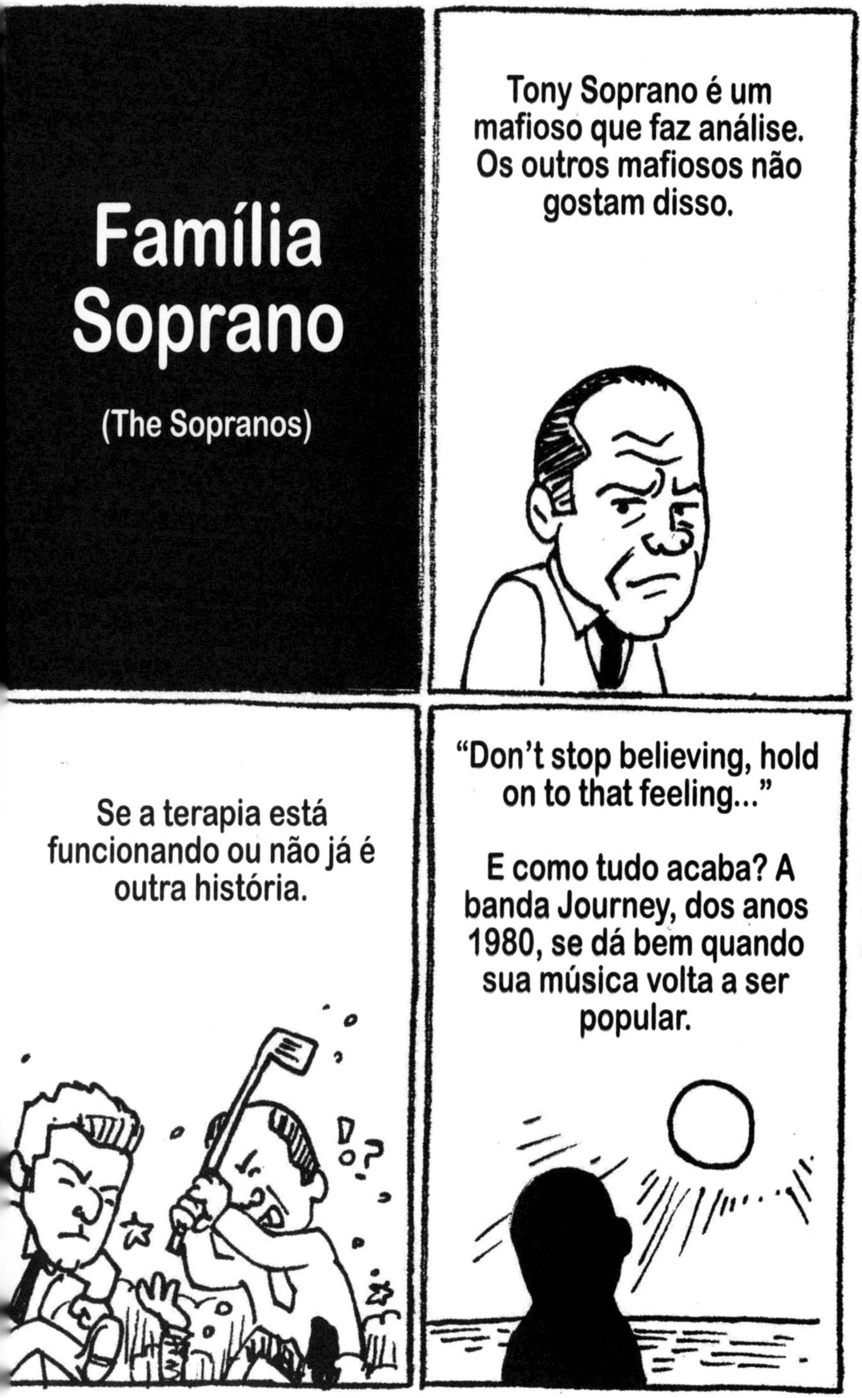
Família Soprano
(The Sopranos)
Tony Soprano é um mafioso que faz análise. Os outros mafiosos não gostam disso.
Se a terapia está funcionando ou não já é outra história.
“Don’t stop believing, hold on to that feeling...”
E como tudo acaba? A banda Journey, dos anos 1980, se dá bem quando sua música volta a ser popular.

116

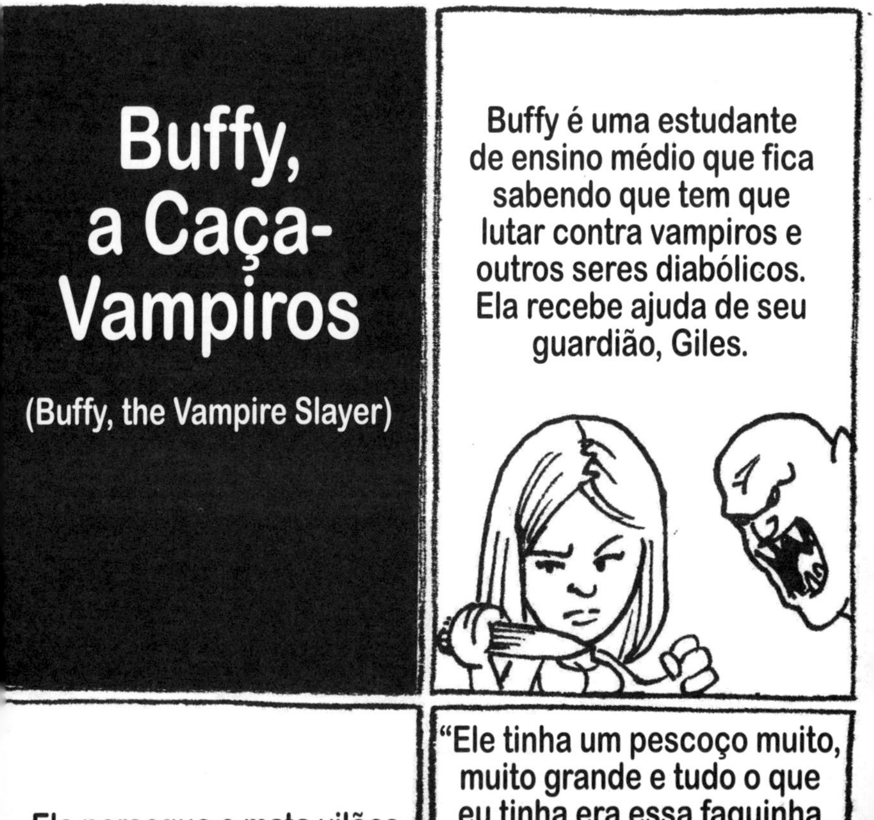
Buffy, a Caça-Vampiros
(Buffy, the Vampire Slayer)
Buffy é uma estudante de ensino médio que fica sabendo que tem que lutar contra vampiros e outros seres diabólicos. Ela recebe ajuda de seu guardião, Giles.
Ela persegue e mata vilões malucos, como o prefeito Wilkins. Buffy bota pra quebrar, mas acaba se apaixonando por Angel.
“Ele tinha um pescoço muito, muito grande e tudo o que eu tinha era essa faquinha pequenininha... Você não vai gostar dessa história.” Mas antes de tudo, Buffy é uma assassina e não consegue esconder sua verdadeira personalidade.

118

V	Era uma vez uns visitantes alienígenas liderados por Diana, que tentaram dominar a Terra. Diana é uma vaca e acaba sendo capturada. 
Mas ela foge! Agora, humanos como Donovan e meio-humanos como Elizabeth têm que sair em seu encalço pela Califórnia. 	Elizabeth se transforma em uma gostosona e os humanos se juntam a ela para lutar contra os visitantes ETs. Fique bonita e Los Angeles vai se curvar a você. Essa é a síntese de Los Angeles. 

Twin Peaks

A popular estudante Laura Palmer é assassinada. Isso leva a uma investigação.

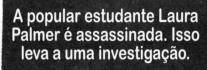

"Maldito café!"

O agente do FBI Dale Cooper tenta descobrir o que aconteceu, mas essa investigação não é nada fácil. Ele é confrontado por um gigante e um homem de um braço só. Ele descobre que o assassino se chama Bob e é um espírito do mal.

Cooper vai até onde o assassino está, é morto, mas revive e foge. Então o espírito assassino se apodera dele. O que você esperava de algo vindo de David Lynch?

122

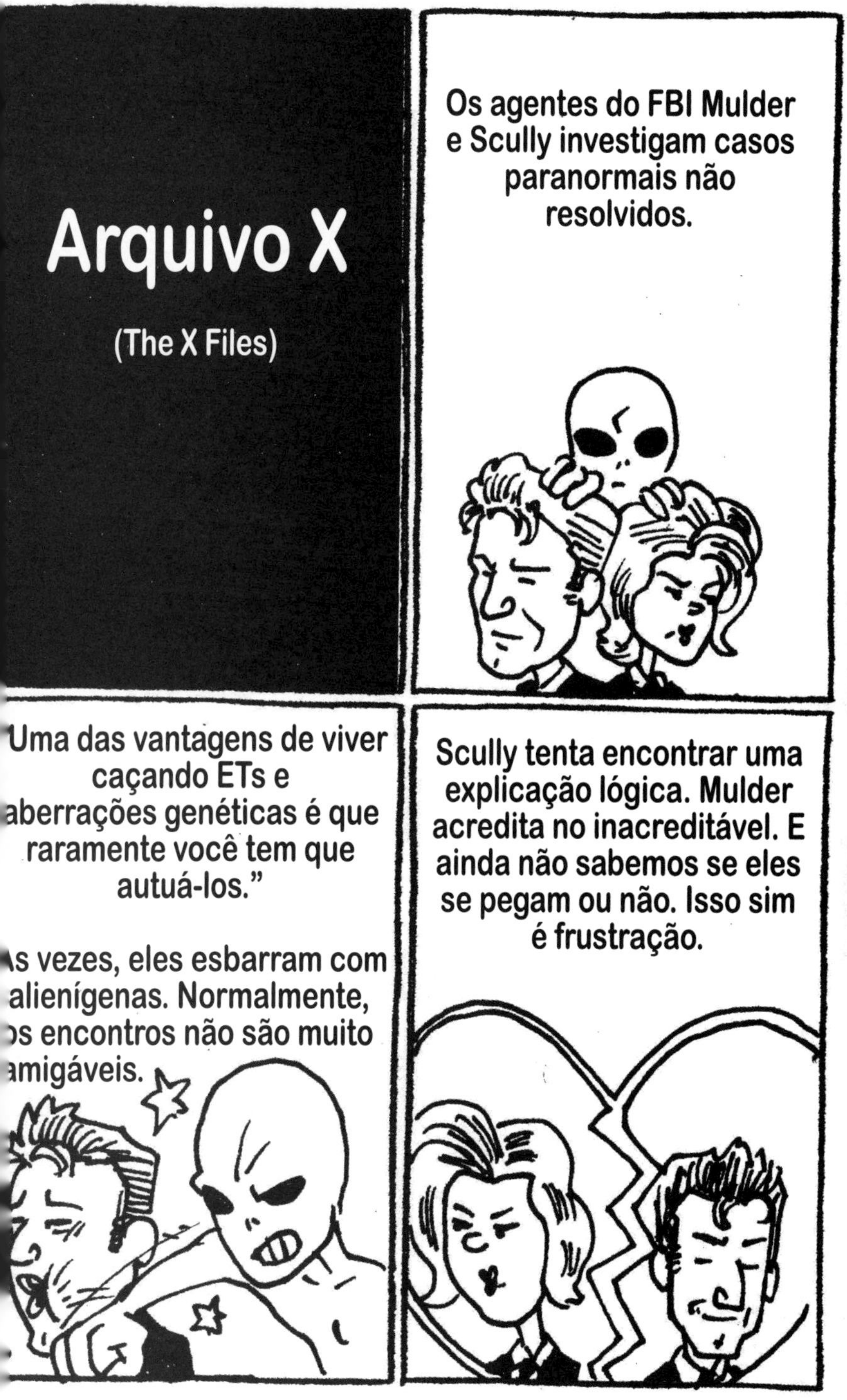
Arquivo X
(The X Files)
Os agentes do FBI Mulder e Scully investigam casos paranormais não resolvidos.
“Uma das vantagens de viver caçando ETs e aberrações genéticas é que raramente você tem que autuá-los.”
Às vezes, eles esbarram com alienígenas. Normalmente, os encontros não são muito amigáveis.
Scully tenta encontrar uma explicação lógica. Mulder acredita no inacreditável. E ainda não sabemos se eles se pegam ou não. Isso sim é frustração.

124

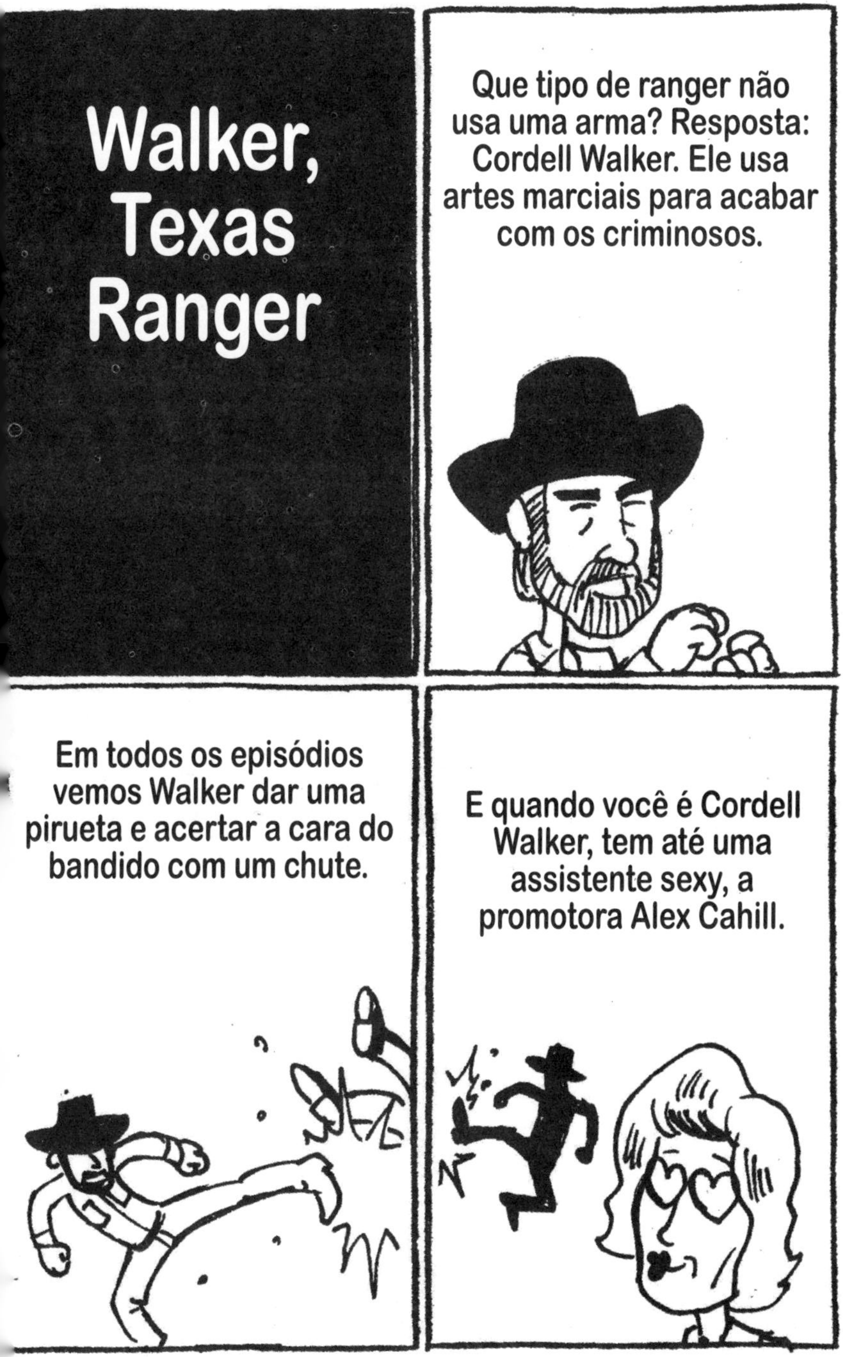
Walker, Texas Ranger
Que tipo de ranger não usa uma arma? Resposta: Cordell Walker. Ele usa artes marciais para acabar com os criminosos.
Em todos os episódios vemos Walker dar uma pirueta e acertar a cara do bandido com um chute.
E quando você é Cordell Walker, tem até uma assistente sexy, a promotora Alex Cahill.

126

Uma Família da Pesada

(Family Guy)

"Sempre há um bocado de tensão entre Lois e eu. E não é que eu queira matá-la, quero apenas vê-la morta." Os Griffin moram em Quahog, Rhode Island. Eles não são exatamente uma família normal. Seu filho de 1 ano, Stewie, quer matar a mãe.

"Ei, garçom, em que perna a gente precisa se roçar para conseguir um martíni por aqui?"

O cachorro, Brian, não só fala como também tem problemas com álcool.

"Não se esqueça do nosso acordo, Lois. Eu aguento suas chatices e, de noite, a gente faz anal. Você me ouviu? Não importa o quão limpa eu queira deixar a casa, você tem que fazer." Mas os chefes da casa são Peter e sua esposa Lois.

128

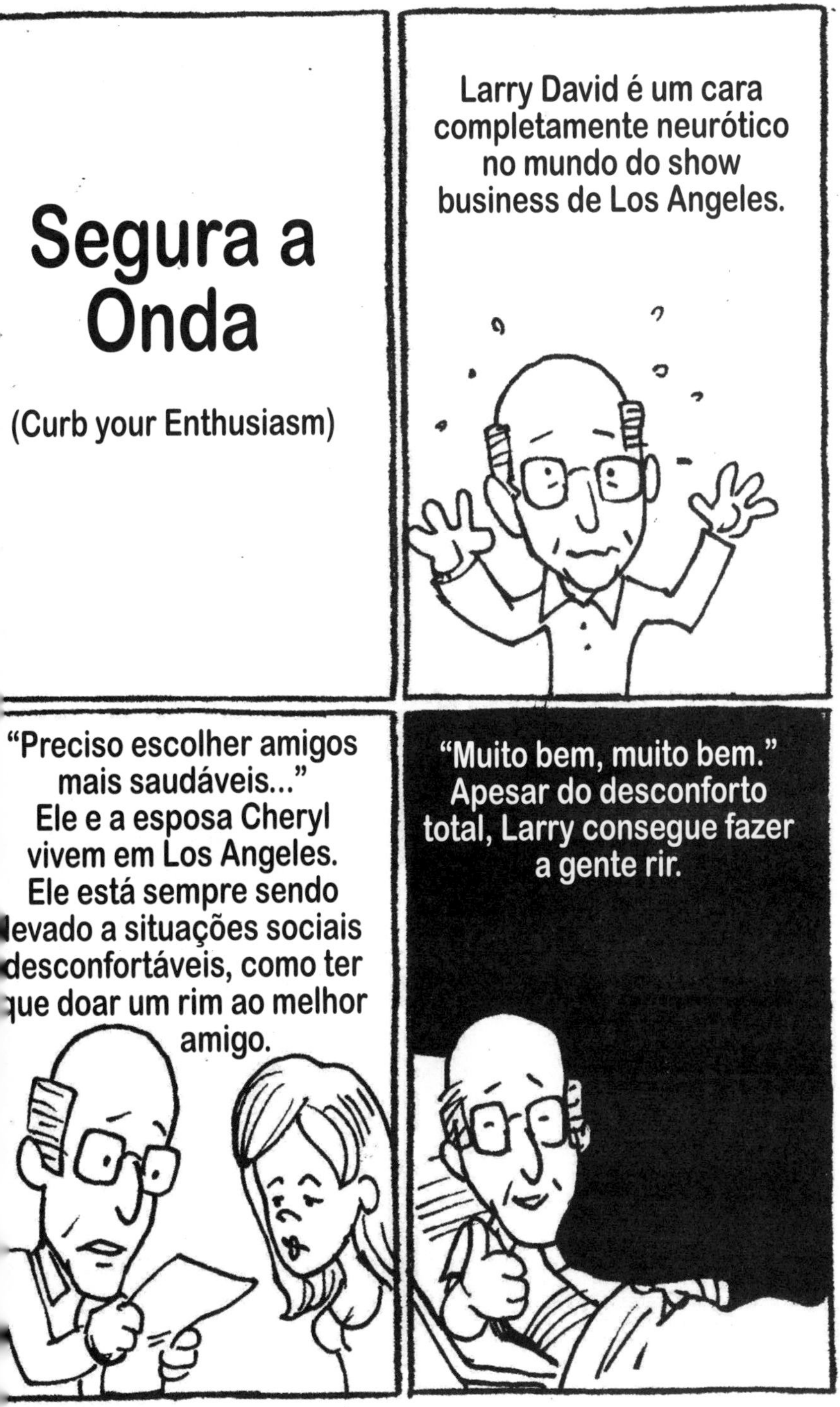
Segura a Onda
(Curb your Enthusiasm)
Larry David é um cara completamente neurótico no mundo do show business de Los Angeles.
"Preciso escolher amigos mais saudáveis..." Ele e a esposa Cheryl vivem em Los Angeles. Ele está sempre sendo levado a situações sociais desconfortáveis, como ter que doar um rim ao melhor amigo.
"Muito bem, muito bem." Apesar do desconforto total, Larry consegue fazer a gente rir.

130

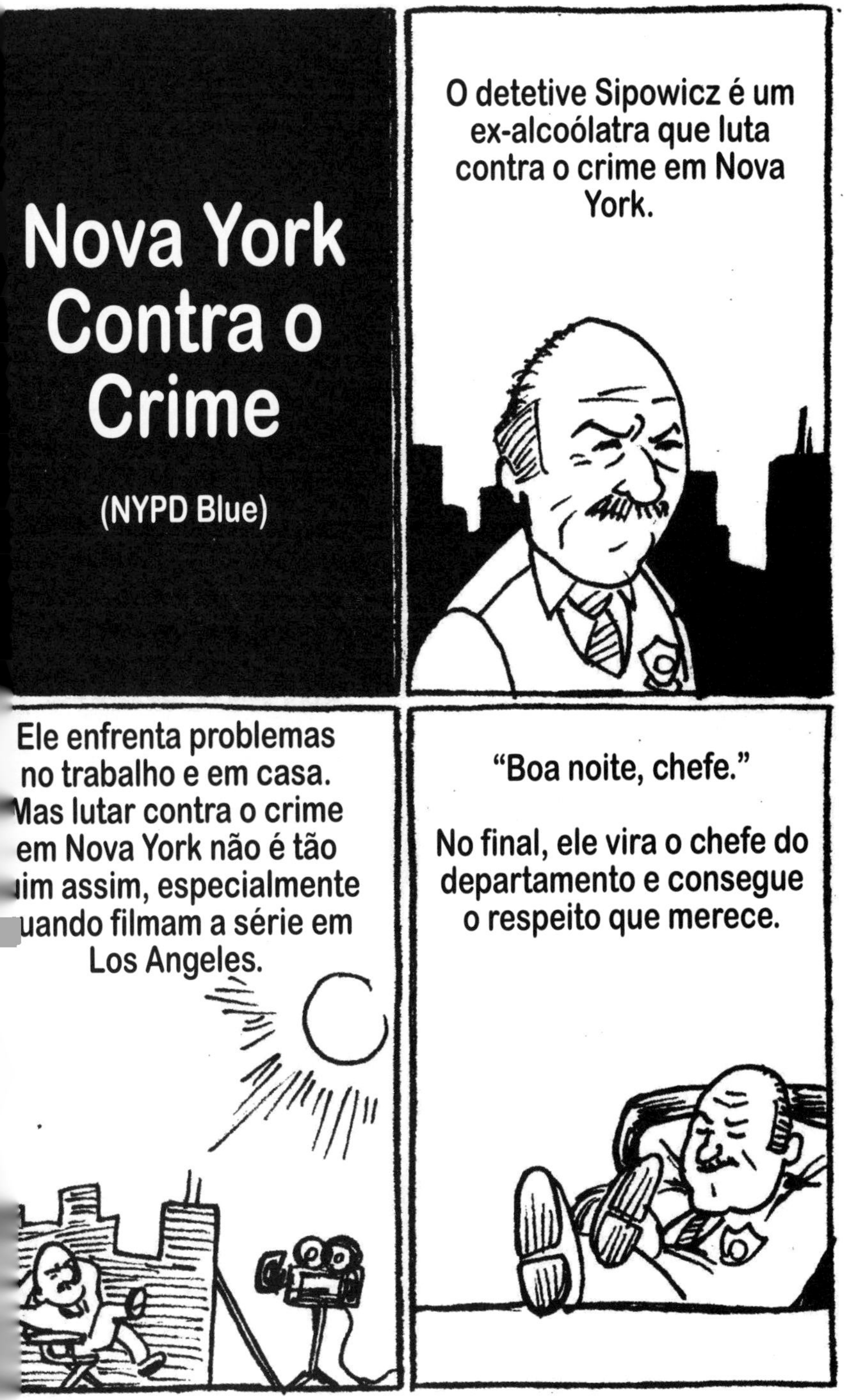
Nova York Contra o Crime
(NYPD Blue)
O detetive Sipowicz é um ex-alcoólatra que luta contra o crime em Nova York.
Ele enfrenta problemas no trabalho e em casa. Mas lutar contra o crime em Nova York não é tão uim assim, especialmente uando filmam a série em Los Angeles.
“Boa noite, chefe.”
No final, ele vira o chefe do departamento e consegue o respeito que merece.

132

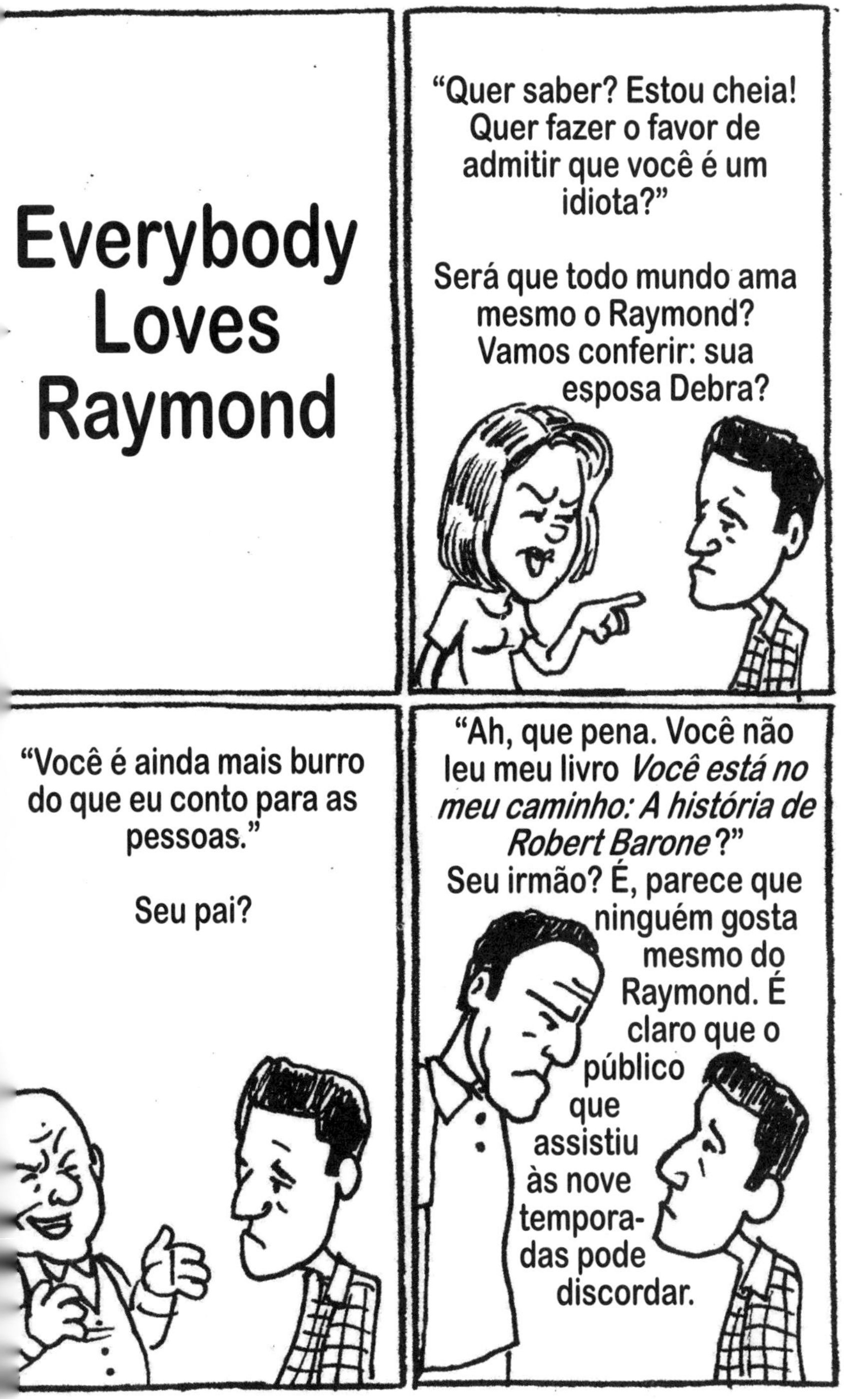
Everybody Loves Raymond
"Quer saber? Estou cheia! Quer fazer o favor de admitir que você é um idiota?"
Será que todo mundo ama mesmo o Raymond? Vamos conferir: sua esposa Debra?
"Você é ainda mais burro do que eu conto para as pessoas."
Seu pai?
"Ah, que pena. Você não leu meu livro *Você está no meu caminho: A história de Robert Barone*?"
Seu irmão? É, parece que ninguém gosta mesmo do Raymond. É claro que o público que assistiu às nove temporadas pode discordar.

134

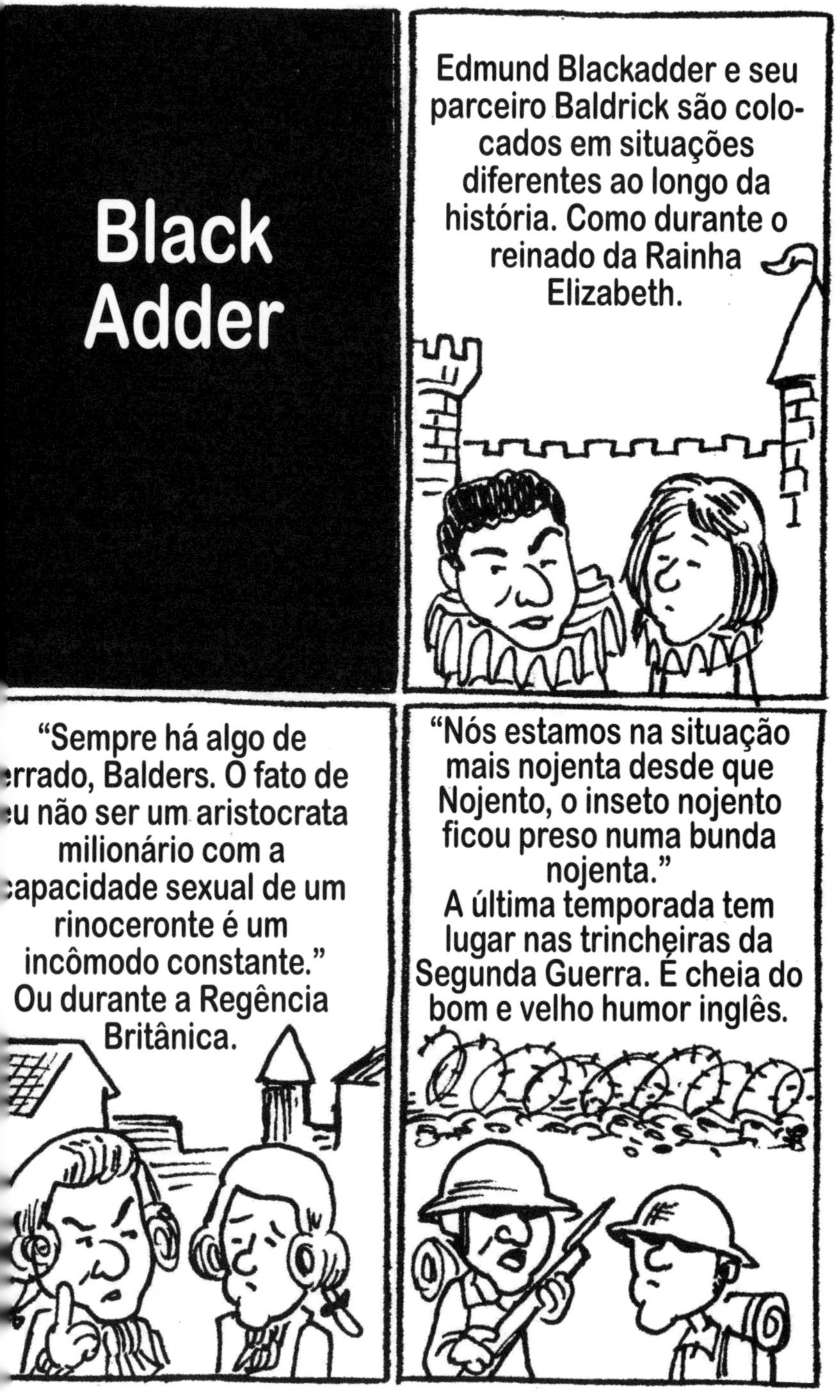
Black Adder
Edmund Blackadder e seu parceiro Baldrick são colocados em situações diferentes ao longo da história. Como durante o reinado da Rainha Elizabeth.
“Sempre há algo de rrado, Balders. O fato de u não ser um aristocrata milionário com a apacidade sexual de um rinoceronte é um incômodo constante.” Ou durante a Regência Britânica.
“Nós estamos na situação mais nojenta desde que Nojento, o inseto nojento ficou preso numa bunda nojenta.” A última temporada tem lugar nas trincheiras da Segunda Guerra. É cheia do bom e velho humor inglês.

136

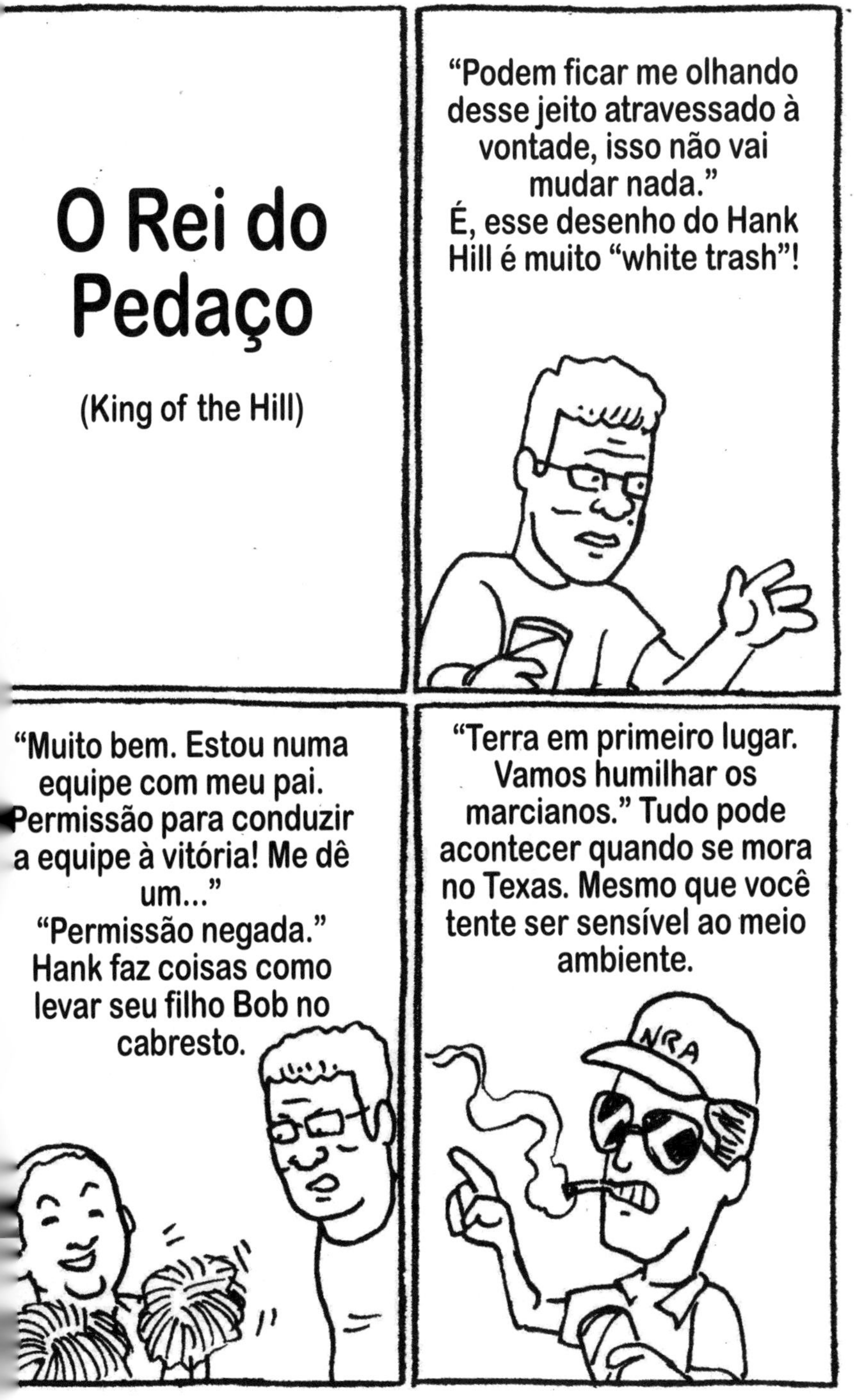
O Rei do Pedaço
(King of the Hill)
"Podem ficar me olhando desse jeito atravessado à vontade, isso não vai mudar nada."
É, esse desenho do Hank Hill é muito "white trash"!
"Muito bem. Estou numa equipe com meu pai. Permissão para conduzir a equipe à vitória! Me dê um..."
"Permissão negada."
Hank faz coisas como levar seu filho Bob no cabresto.
"Terra em primeiro lugar. Vamos humilhar os marcianos." Tudo pode acontecer quando se mora no Texas. Mesmo que você tente ser sensível ao meio ambiente.
NRA

138

Dinastia

(Dynasty)

"Ah, eu nunca compro nada em liquidações."

Os Carrington moram em Denver e são podres de ricos.

"Você pode dormir no quarto principal hoje, vou mandar desinfetar amanhã."
Blake Carrington adora ser rico e babaca. Ele não gosta de ver sua ex-mulher, Alexis.

"Alexis! O que você está fazendo aqui?" "Eu ia fazer a mesma pergunta a você, Kristie, e ainda não obtive uma resposta que me satisfaça." E rola sempre a maior briga entre a nova esposa de Blake, Krystie, e Alexis. Ricos não entendem a realidade.

Os Pioneiros

(Little House on the Prairie)

Charles Ingalls vive numa fazenda em Minnesota nos anos 1880. Suas filhas Mary, Laura, Caroline e Grace gostariam que a TV já tivesse sido inventada e fingem amar a natureza.

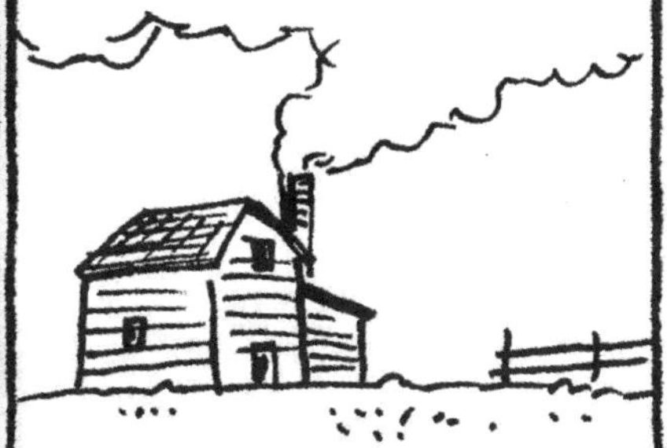

Albert é adotado nesta família de quatro filhas. E adivinha quem é escalado para levar o lixo para fora? O único filho. Albert é um sortudo.

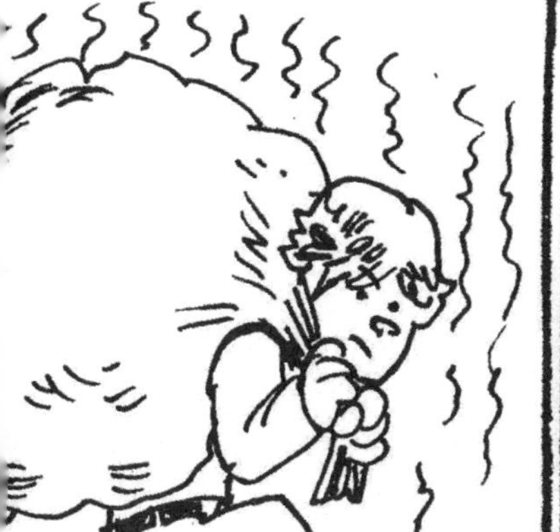

"Sua mãe está certa, baixinha. Agora, no caminho para casa, vou lhe ensinar sobre chantagem e extorsão para usar na sua amiga Nellie." Laura está sempre em pé de guerra com Nellie Oleson. Mas Charles é muito sábio e ensina a Laura que chutar o traseiro de Nellie pode não ser uma atitude adequada na pradaria.

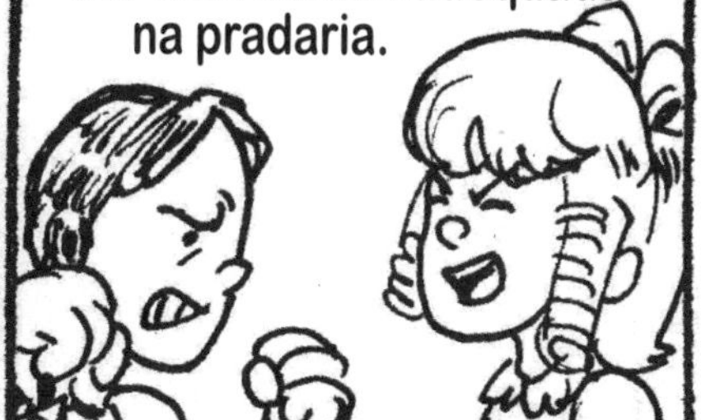

142

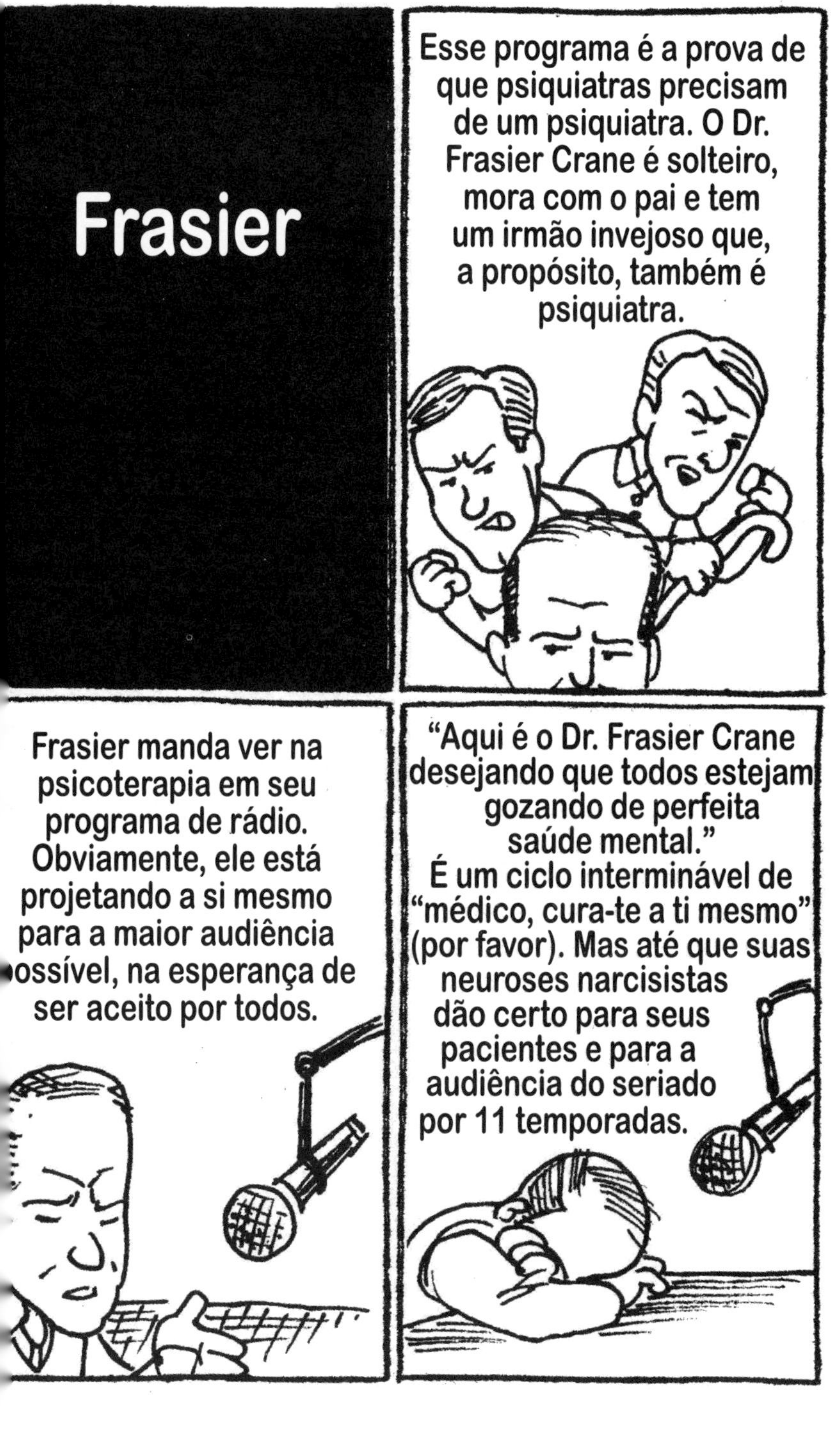

Frasier
Esse programa é a prova de que psiquiatras precisam de um psiquiatra. O Dr. Frasier Crane é solteiro, mora com o pai e tem um irmão invejoso que, a propósito, também é psiquiatra.
Frasier manda ver na psicoterapia em seu programa de rádio. Obviamente, ele está projetando a si mesmo para a maior audiência ossível, na esperança de ser aceito por todos.
"Aqui é o Dr. Frasier Crane desejando que todos estejam gozando de perfeita saúde mental."
É um ciclo interminável de "médico, cura-te a ti mesmo" (por favor). Mas até que suas neuroses narcisistas dão certo para seus pacientes e para a audiência do seriado por 11 temporadas.

144

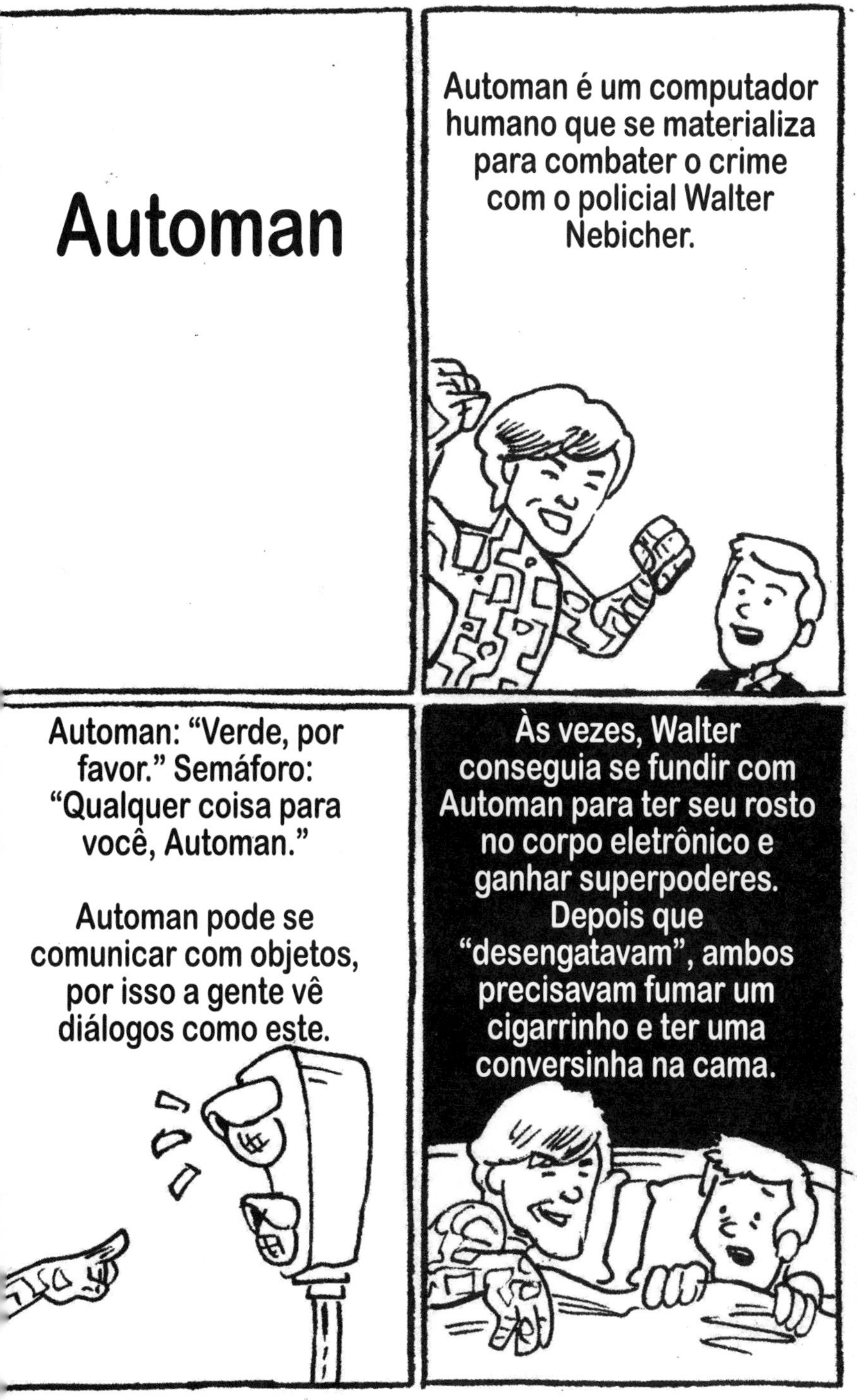
Automan
Automan é um computador humano que se materializa para combater o crime com o policial Walter Nebicher.
Automan: “Verde, por favor.” Semáforo: “Qualquer coisa para você, Automan.”
Automan pode se comunicar com objetos, por isso a gente vê diálogos como este.
Às vezes, Walter conseguia se fundir com Automan para ter seu rosto no corpo eletrônico e ganhar superpoderes. Depois que “desengatavam”, ambos precisavam fumar um cigarrinho e ter uma conversinha na cama.

146

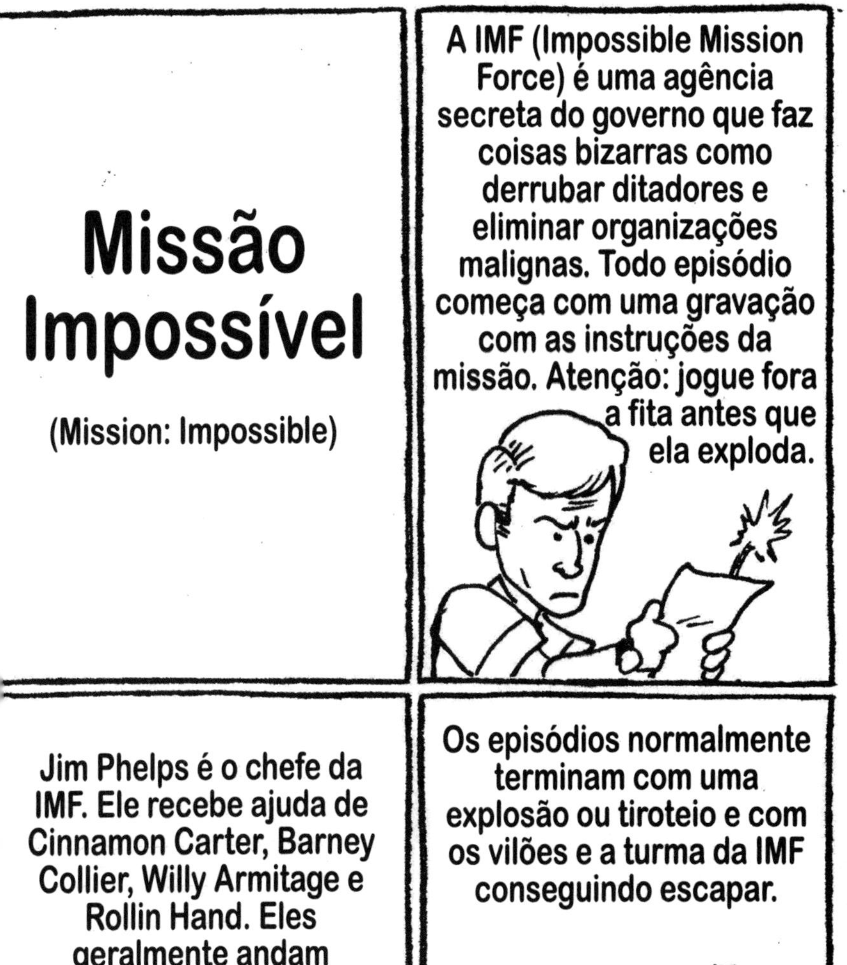
Missão Impossível
(Mission: Impossible)
A IMF (Impossible Mission Force) é uma agência secreta do governo que faz coisas bizarras como derrubar ditadores e eliminar organizações malignas. Todo episódio começa com uma gravação com as instruções da missão. Atenção: jogue fora a fita antes que ela exploda.
Jim Phelps é o chefe da IMF. Ele recebe ajuda de Cinnamon Carter, Barney Collier, Willy Armitage e Rollin Hand. Eles geralmente andam disfarçados.
Os episódios normalmente terminam com uma explosão ou tiroteio e com os vilões e a turma da IMF conseguindo escapar.

148

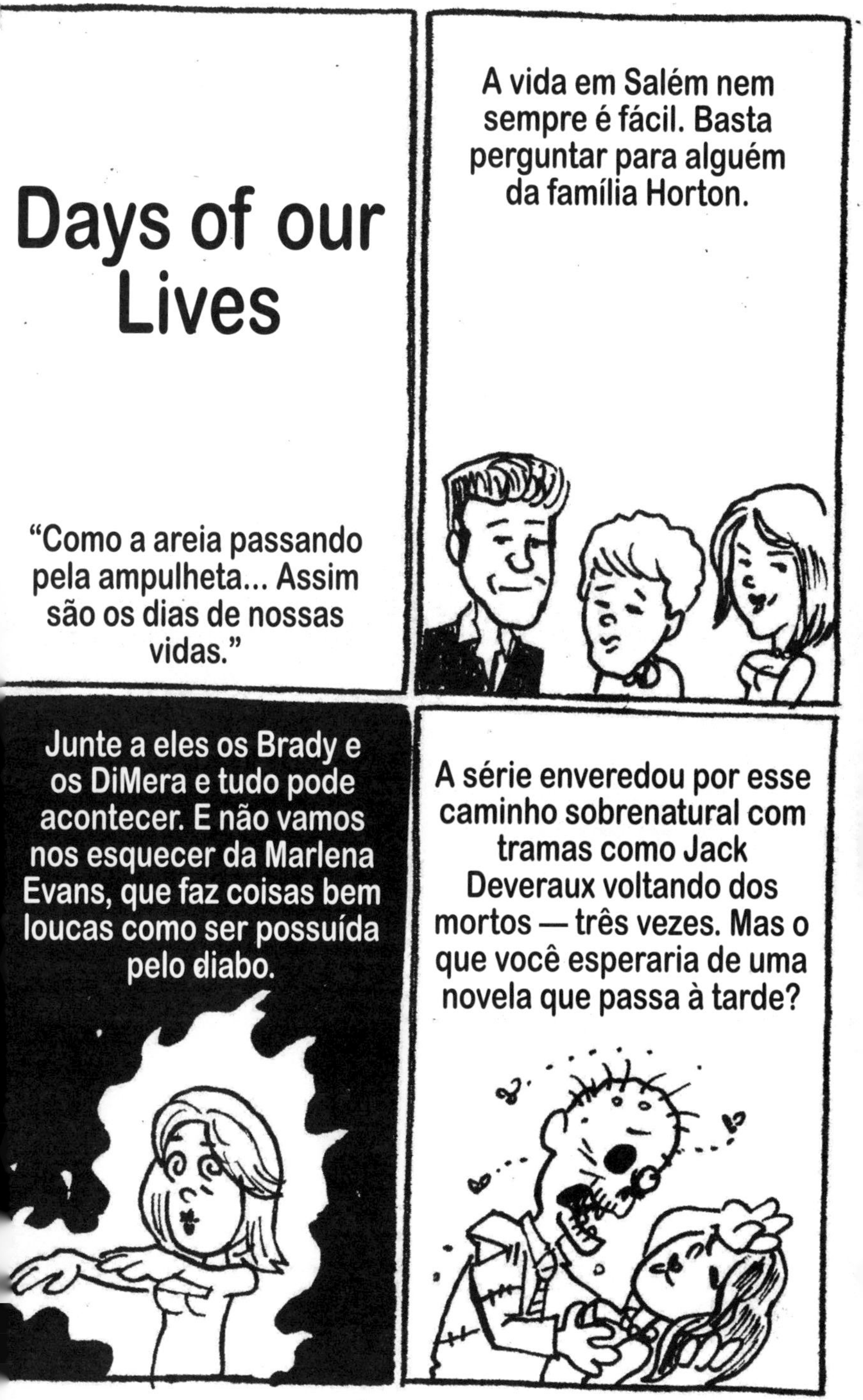
Days of our Lives
"Como a areia passando pela ampulheta... Assim são os dias de nossas vidas."
A vida em Salém nem sempre é fácil. Basta perguntar para alguém da família Horton.
Junte a eles os Brady e os DiMera e tudo pode acontecer. E não vamos nos esquecer da Marlena Evans, que faz coisas bem loucas como ser possuída pelo diabo.
A série enveredou por esse caminho sobrenatural com tramas como Jack Deveraux voltando dos mortos — três vezes. Mas o que você esperaria de uma novela que passa à tarde?

150

O Incrível Hulk

(The Incredible Hulk)

"Como assim, você comeu minha rainha? Não me deixe nervoso. Você não vai gostar de me ver nervoso."

O Dr. David Banner é um cientista... quando não está zangado.

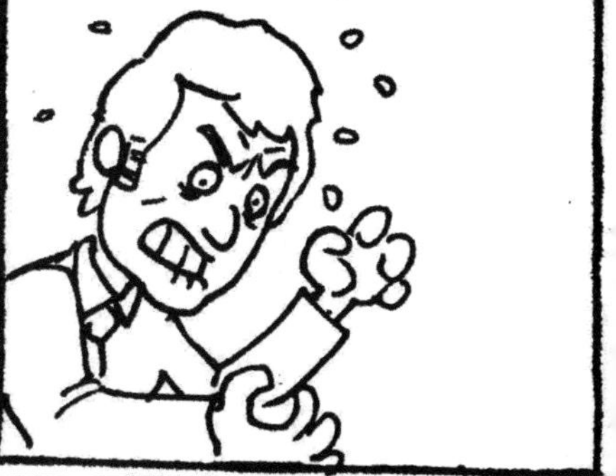

Isso é um eufemismo, porque, na maior parte do tempo, o Dr. Banner vira um monstro verde quando fica nervoso.

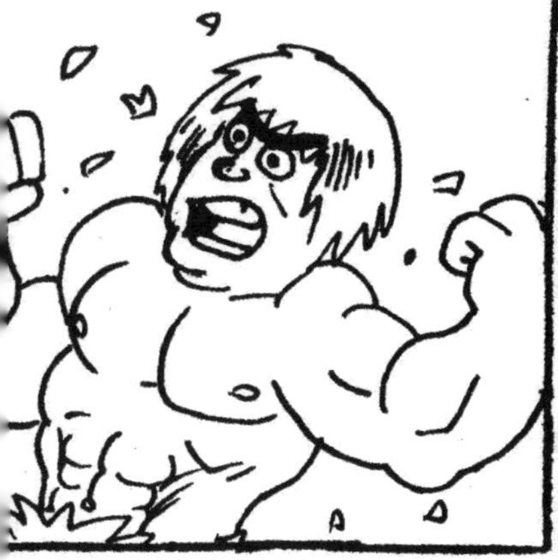

"Eu pedi minha torrada sem manteiga!"
Duas palavras para o Dr. Banner: respire devagar. Por favor, Dave... respire devagar.

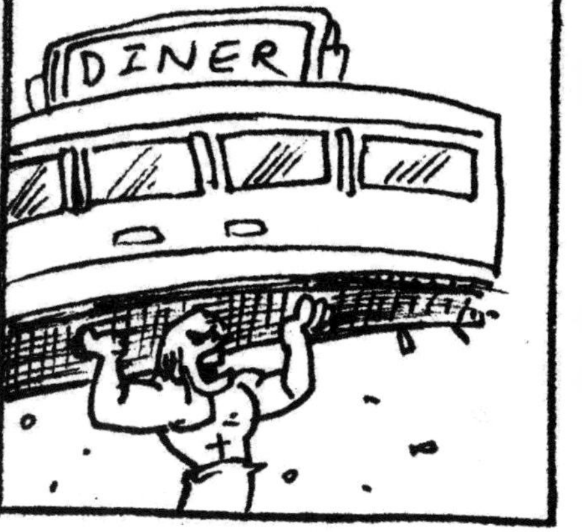
DINER

152

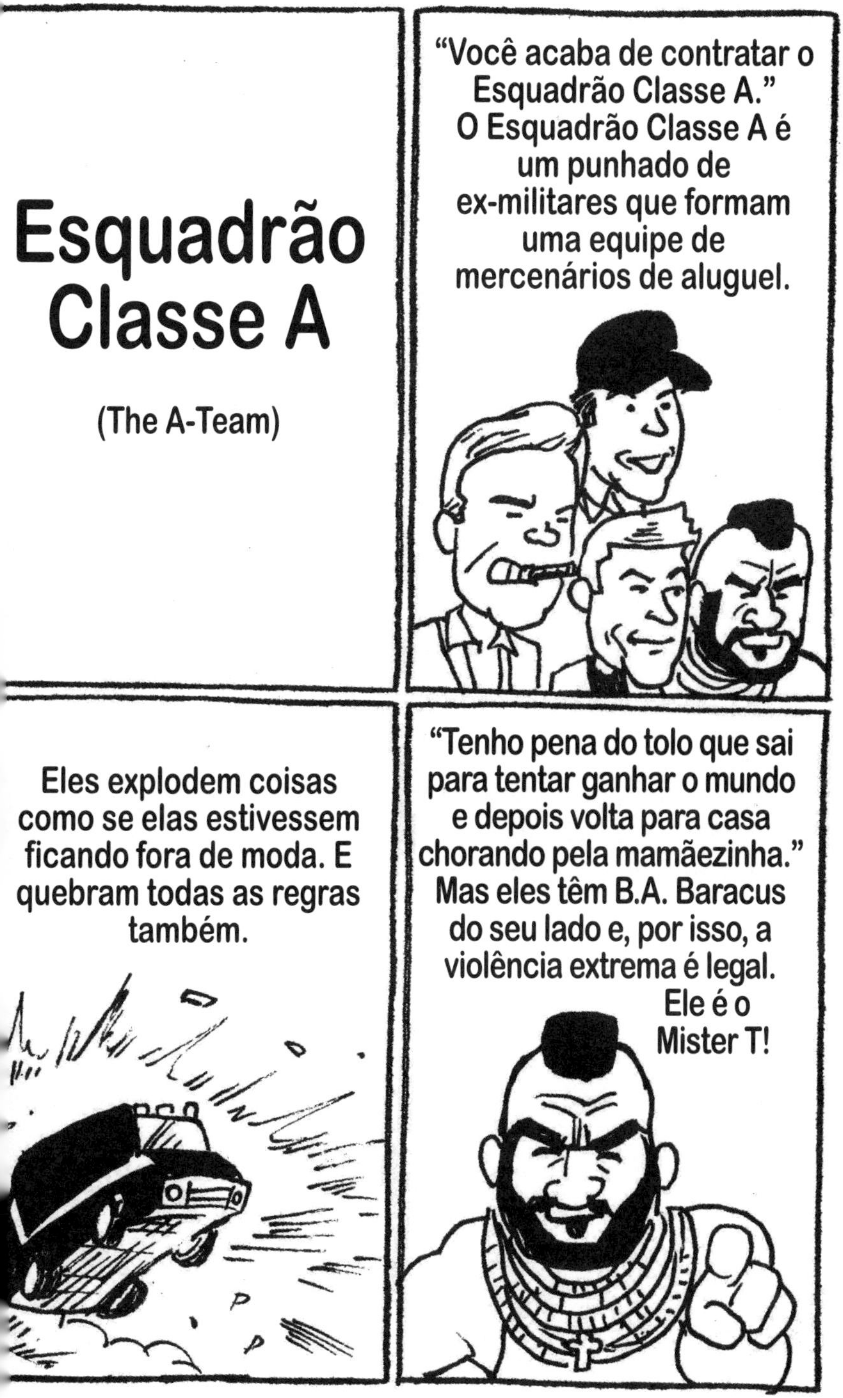
Esquadrão Classe A
(The A-Team)
"Você acaba de contratar o Esquadrão Classe A." O Esquadrão Classe A é um punhado de ex-militares que formam uma equipe de mercenários de aluguel.
Eles explodem coisas como se elas estivessem ficando fora de moda. E quebram todas as regras também.
"Tenho pena do tolo que sai para tentar ganhar o mundo e depois volta para casa chorando pela mamãezinha." Mas eles têm B.A. Baracus do seu lado e, por isso, a violência extrema é legal.
Ele é o Mister T!

154

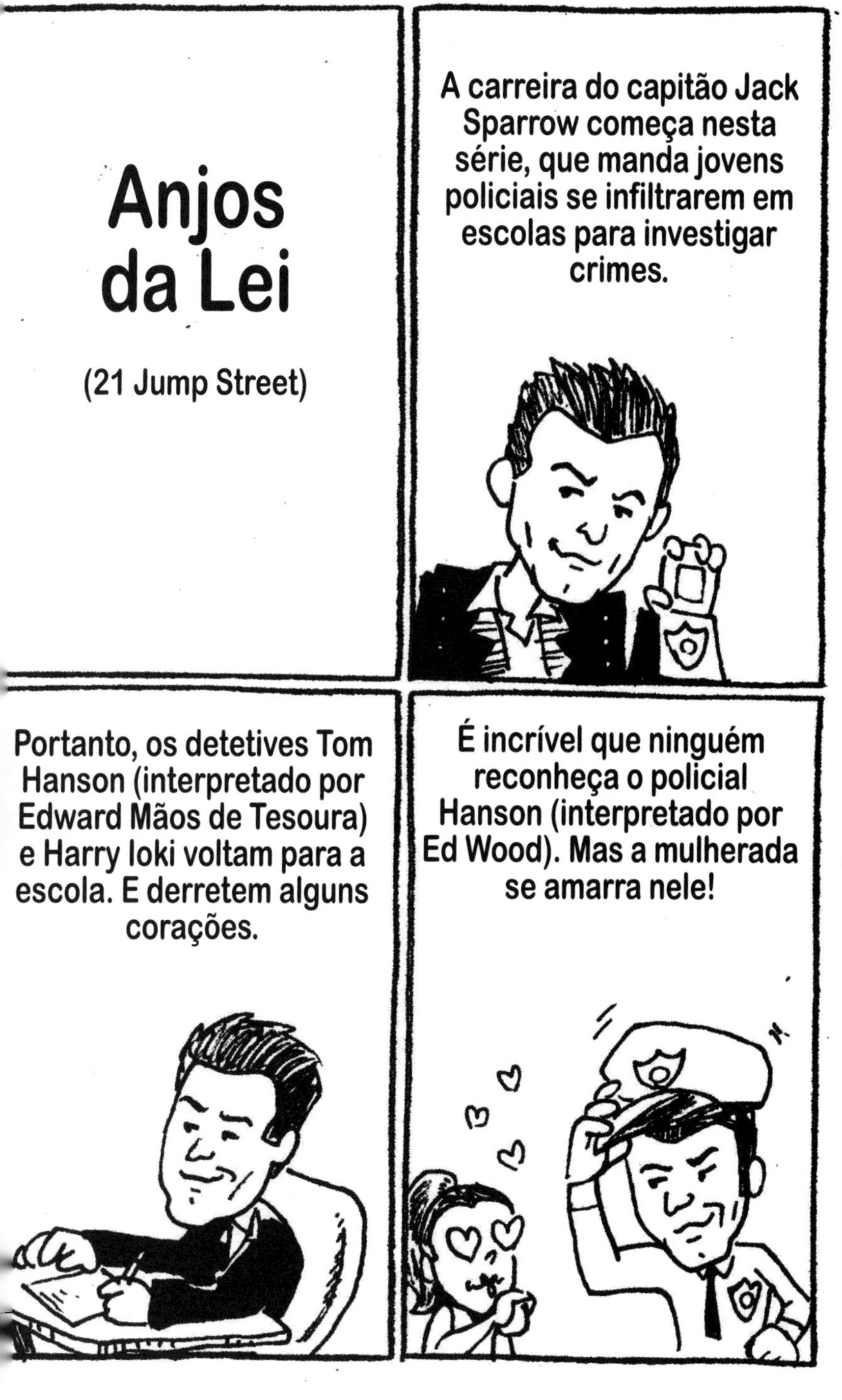
Anjos da Lei
(21 Jump Street)
A carreira do capitão Jack Sparrow começa nesta série, que manda jovens policiais se infiltrarem em escolas para investigar crimes.
Portanto, os detetives Tom Hanson (interpretado por Edward Mãos de Tesoura) e Harry Ioki voltam para a escola. E derretem alguns corações.
É incrível que ninguém reconheça o policial Hanson (interpretado por Ed Wood). Mas a mulherada se amarra nele!

156

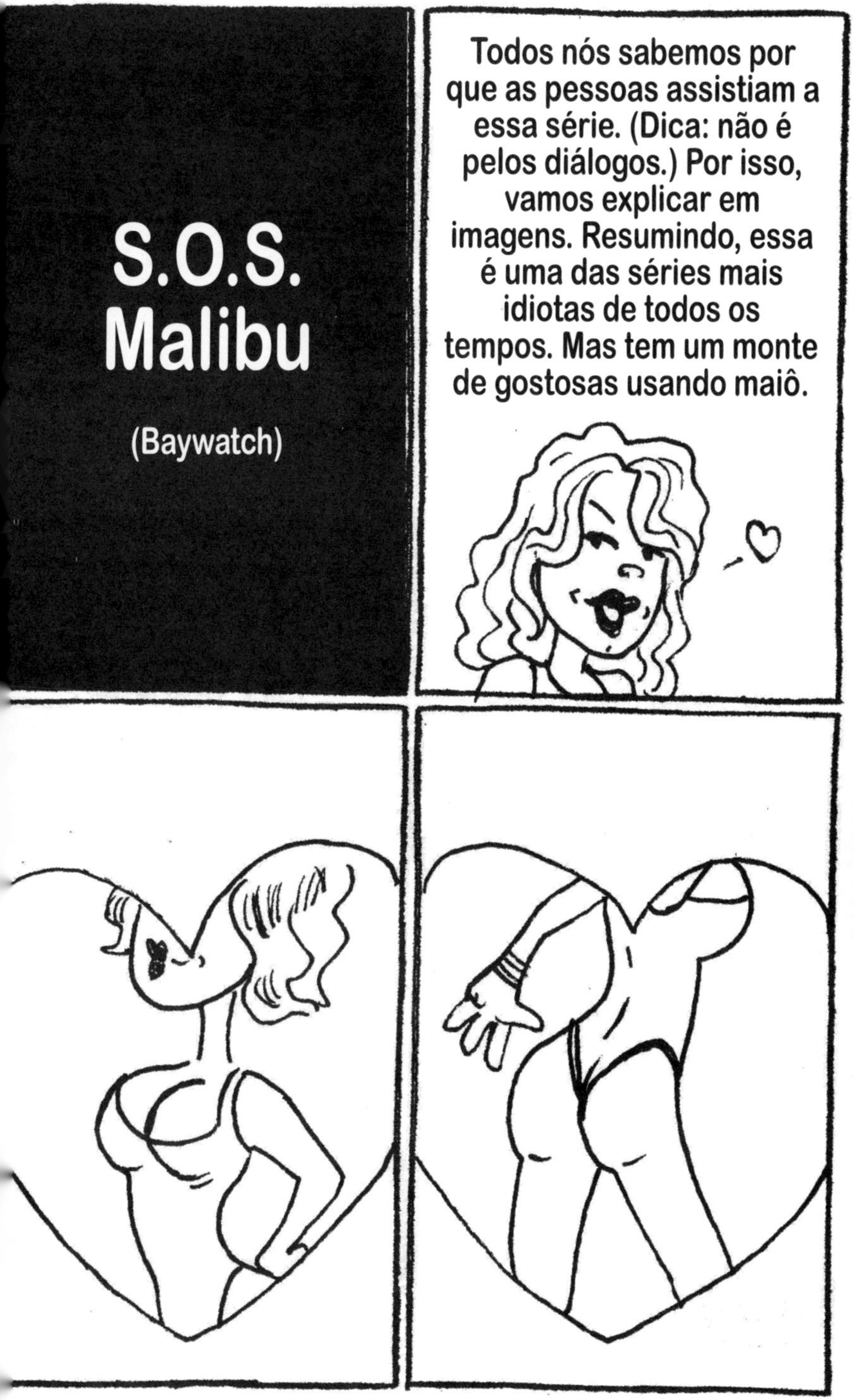
S.O.S.
Malibu
(Baywatch)
Todos nós sabemos por que as pessoas assistiam a essa série. (Dica: não é pelos diálogos.) Por isso, vamos explicar em imagens. Resumindo, essa é uma das séries mais idiotas de todos os tempos. Mas tem um monte de gostosas usando maiô.

158

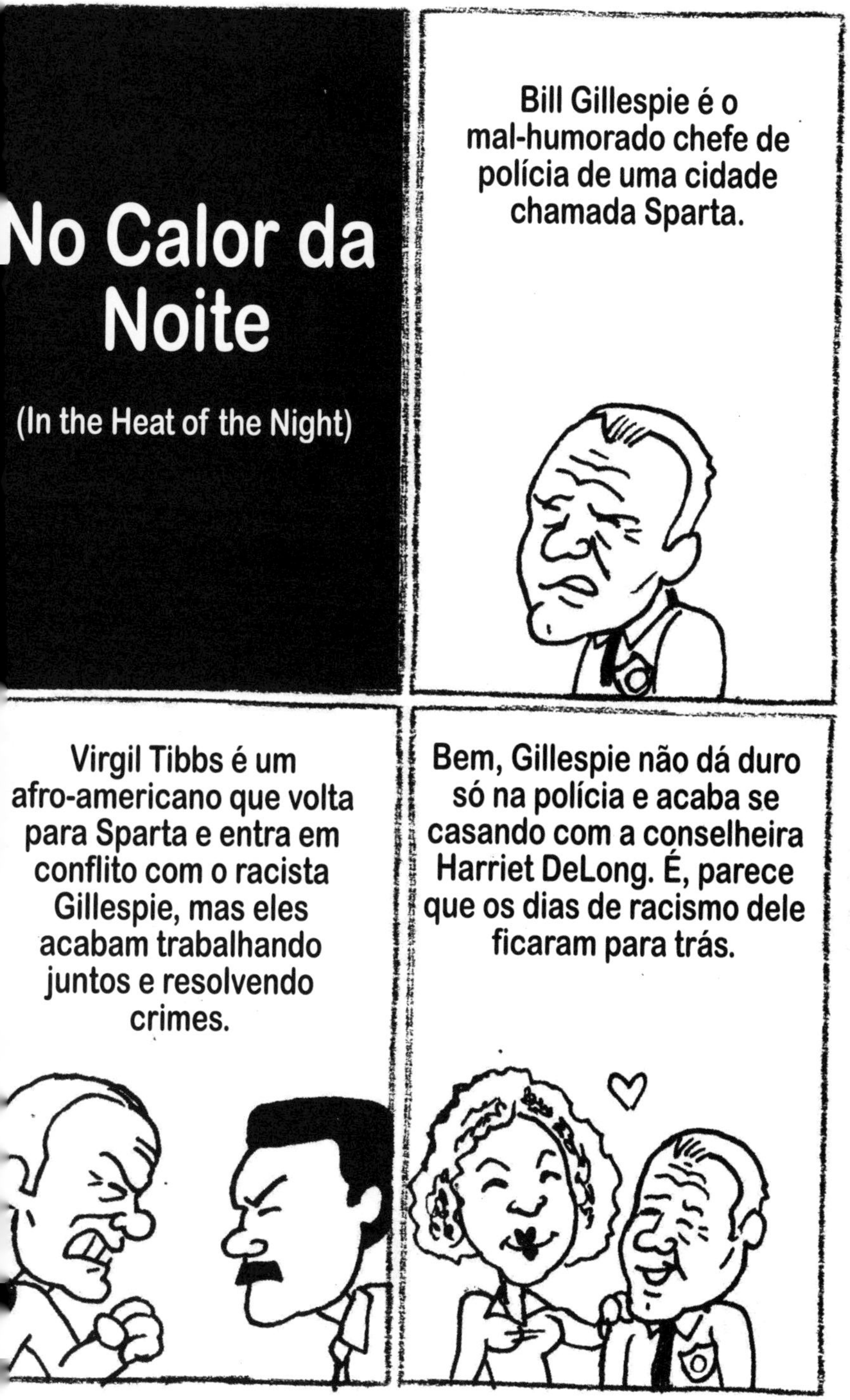
No Calor da Noite
(In the Heat of the Night)
Bill Gillespie é o mal-humorado chefe de polícia de uma cidade chamada Sparta.
Virgil Tibbs é um afro-americano que volta para Sparta e entra em conflito com o racista Gillespie, mas eles acabam trabalhando juntos e resolvendo crimes.
Bem, Gillespie não dá duro só na polícia e acaba se casando com a conselheira Harriet DeLong. É, parece que os dias de racismo dele ficaram para trás.

160

L.A. Law

"É porque eu nunca tive tanta responsabilidade nas costas."
L.A. Law se passa em Los Angeles e tem advogados. Ou seja: há um monte de coisas para se odiar nessa série.

Só em Los Angeles um advogado como Leland McKenzie vai para a cama com a inimiga, Rosalind. E depois a deixa cair no fosso do elevador. Menos uma advogada safada no mundo, ninguém vai se importar.

Advogados são egoístas e sedentos por poder e dinheiro. Por que todos não seguem o exemplo de Rosalind?

162

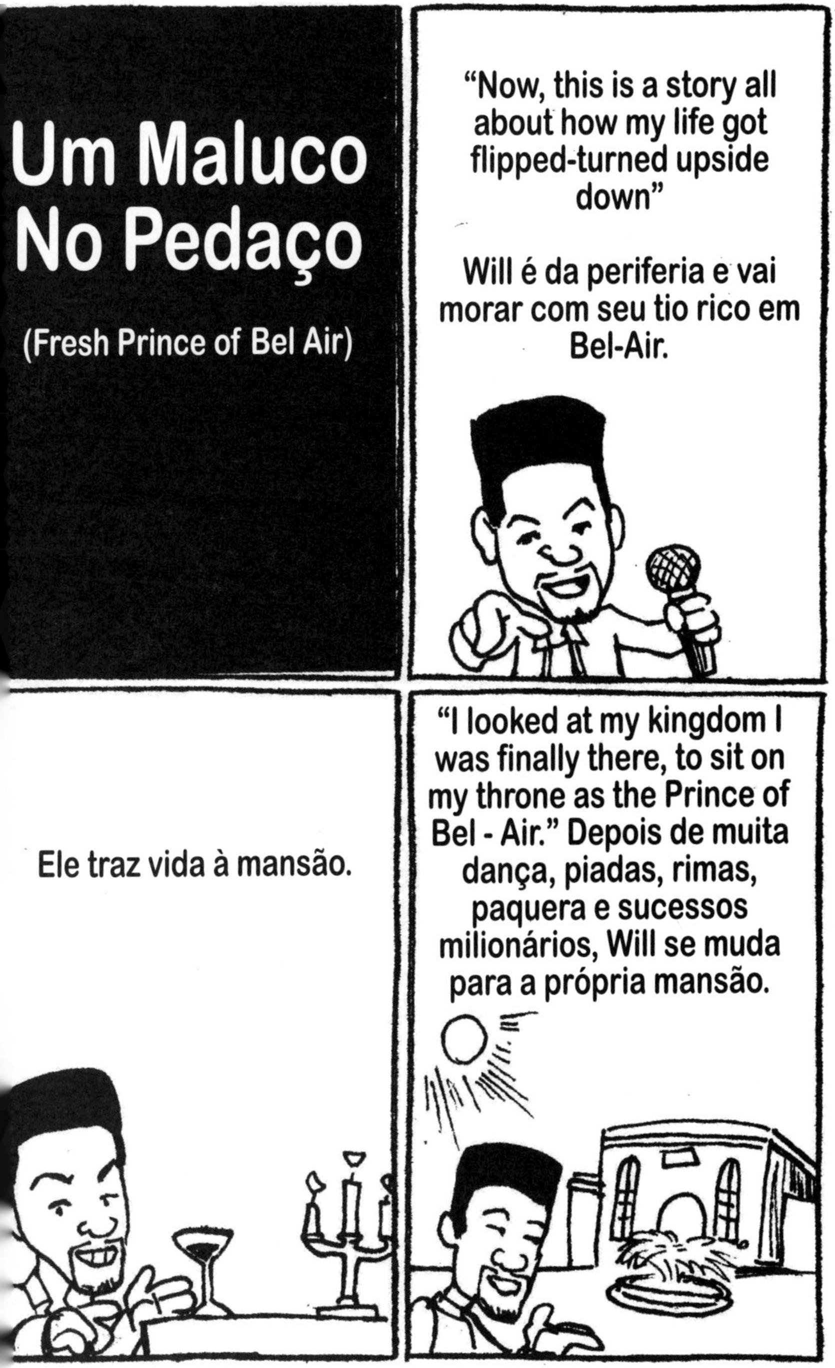
Um Maluco
No Pedaço
(Fresh Prince of Bel Air)
“Now, this is a story all about how my life got flipped-turned upside down”
Will é da periferia e vai morar com seu tio rico em Bel-Air.
Ele traz vida à mansão.
“I looked at my kingdom I was finally there, to sit on my throne as the Prince of Bel - Air.” Depois de muita dança, piadas, rimas, paquera e sucessos milionários, Will se muda para a própria mansão.

164

Spin City

"Mike, olhe pela janela. Nós comandamos a maior cidade do mundo." Mike: "Senhor, aquilo é Nova Jersey."

Mike Flaherty comanda o gabinete do prefeito Winston em Nova York. Winston não é exatamente a faca mais afiada da gaveta.

"Por volta de 9h30, bem, algo surgiu. Vamos dizer... uma tensão. E você me conhece. Eu resolvo problemas!"
"Oh... Mike!"
Ele tem que administrar a cidade, mas já tem problemas em administrar a própria vida.

"Senhor, você me chamou de Charlie!"
"Ah, não esquenta com isso, Mike."

Mike teve que ir para Washington, e Charlie assume seu posto. E o prefeito sem noção continua enrolando o povo.

166

Honey-mooners

Ralph Kramden é um motorista de ônibus que mora no Brooklyn. Seu melhor amigo é Ed Norton, funcionário do departamento de esgoto.

"Qualquer desses dias... Qualquer desses dias... POU! Bem na sua cara!" Sua esposa Alice é a mais sensível do casal, mas Ralph é incapaz de admitir isso. Estranhamente, Ralph continua ameaçando enchê-la de tapas.

Mas, entre as ameaças de espancamento, há um clima de ternura entre os Kramden.

168

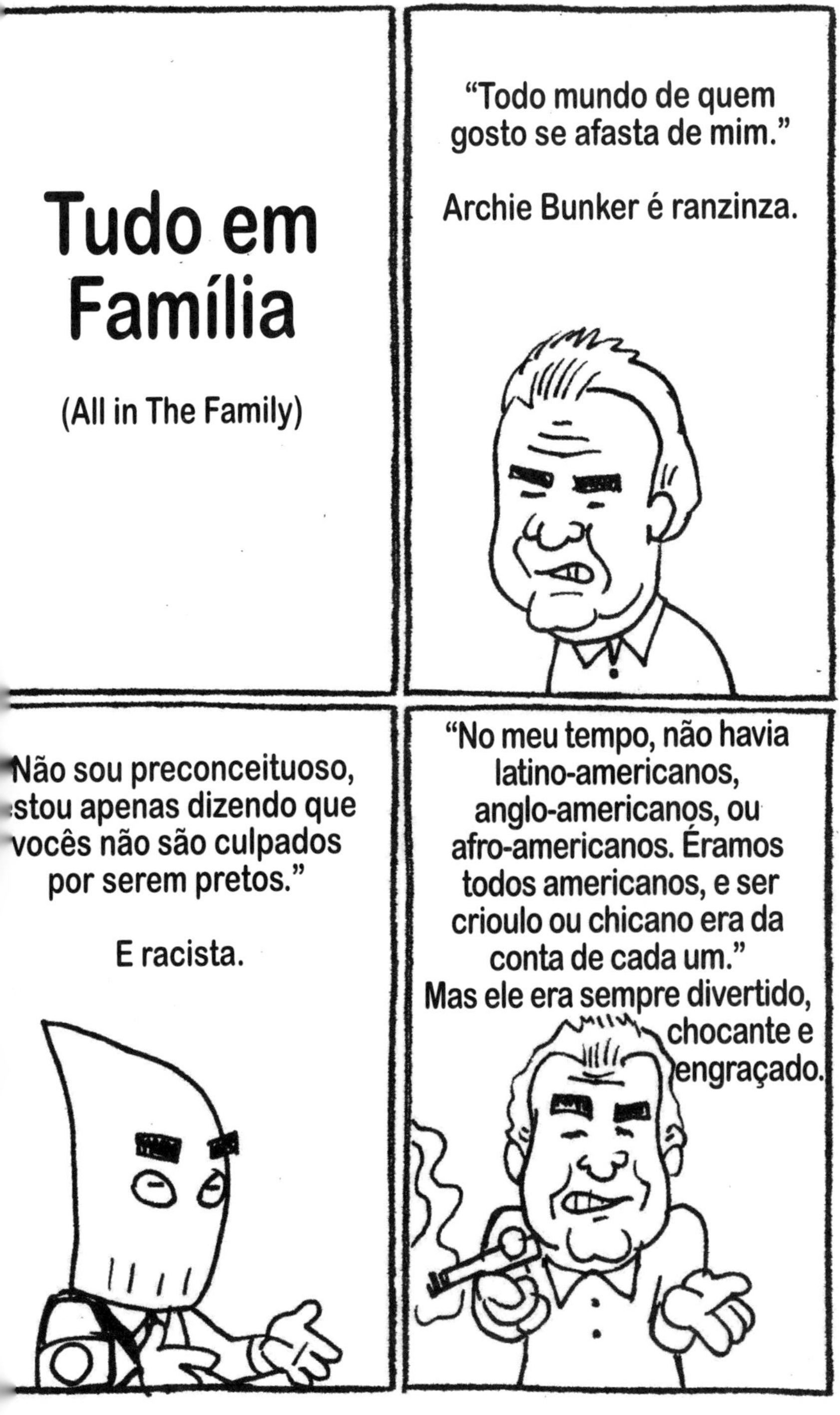
Tudo em Família
(All in The Family)
“Todo mundo de quem gosto se afasta de mim.”
Archie Bunker é ranzinza.
Não sou preconceituoso, stou apenas dizendo que vocês não são culpados por serem pretos.”
E racista.
“No meu tempo, não havia latino-americanos, anglo-americanos, ou afro-americanos. Éramos todos americanos, e ser crioulo ou chicano era da conta de cada um.”
Mas ele era sempre divertido, chocante e engraçado.

170

A Família Sol, Lá, Si, Dó

(Brady Bunch)

Esta é a história de uma adorável moça interesseira que procura uma casa legal para morar com suas três filhas.

"Aaaai! Meu nariz!"
Esta é a história de um homem chamado Brady, que estava tão desesperado para arrumar uma mulher que pegou Carole e a tropa toda e as levou para sua casa. Marcia quebra o nariz, o que é muito engraçado.

Os filhos deles, então, formam uma banda horrível. Por trás dos bastidores, todo mundo do elenco pega todo mundo. Que família!

172

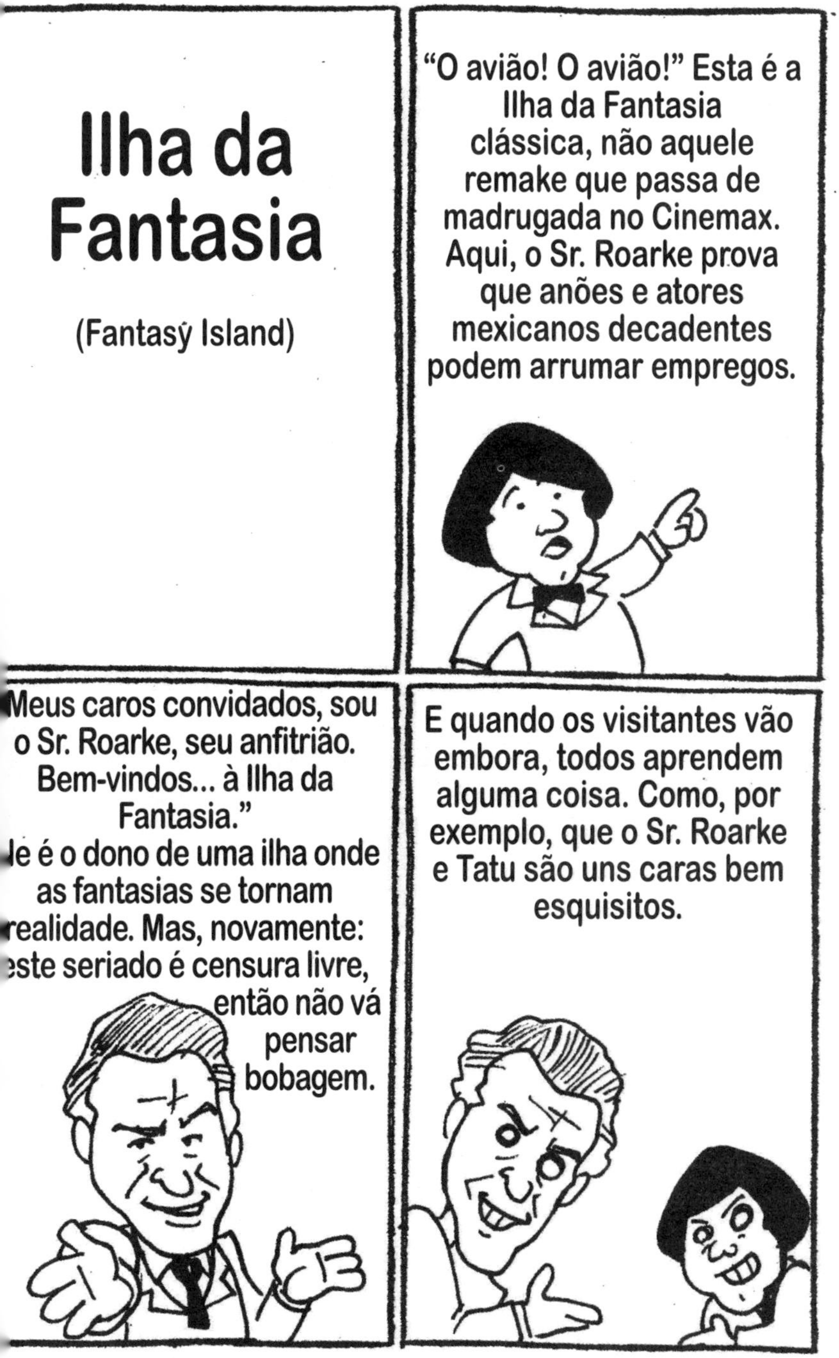
Ilha da Fantasia
(Fantasy Island)
“O avião! O avião!” Esta é a Ilha da Fantasia clássica, não aquele remake que passa de madrugada no Cinemax. Aqui, o Sr. Roarke prova que anões e atores mexicanos decadentes podem arrumar empregos.
Meus caros convidados, sou o Sr. Roarke, seu anfitrião. Bem-vindos... à Ilha da Fantasia.”
le é o dono de uma ilha onde as fantasias se tornam realidade. Mas, novamente: ste seriado é censura livre, então não vá pensar bobagem.
E quando os visitantes vão embora, todos aprendem alguma coisa. Como, por exemplo, que o Sr. Roarke e Tatu são uns caras bem esquisitos.

174

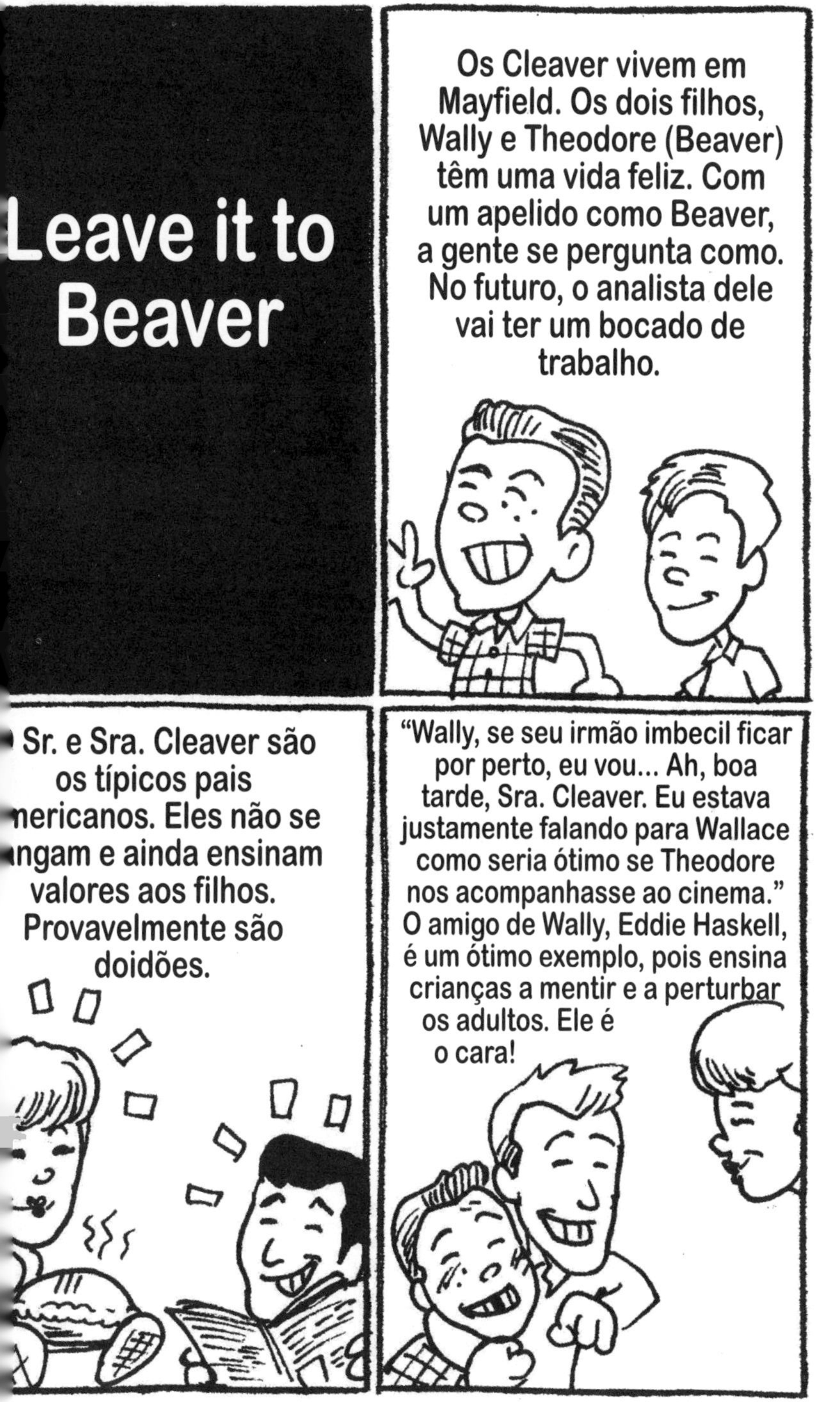
Leave it to Beaver
Os Cleaver vivem em Mayfield. Os dois filhos, Wally e Theodore (Beaver) têm uma vida feliz. Com um apelido como Beaver, a gente se pergunta como. No futuro, o analista dele vai ter um bocado de trabalho.
Sr. e Sra. Cleaver são os típicos pais nericanos. Eles não se ngam e ainda ensinam valores aos filhos. Provavelmente são doidões.
“Wally, se seu irmão imbecil ficar por perto, eu vou... Ah, boa tarde, Sra. Cleaver. Eu estava justamente falando para Wallace como seria ótimo se Theodore nos acompanhasse ao cinema.” O amigo de Wally, Eddie Haskell, é um ótimo exemplo, pois ensina crianças a mentir e a perturbar os adultos. Ele é o cara!

176

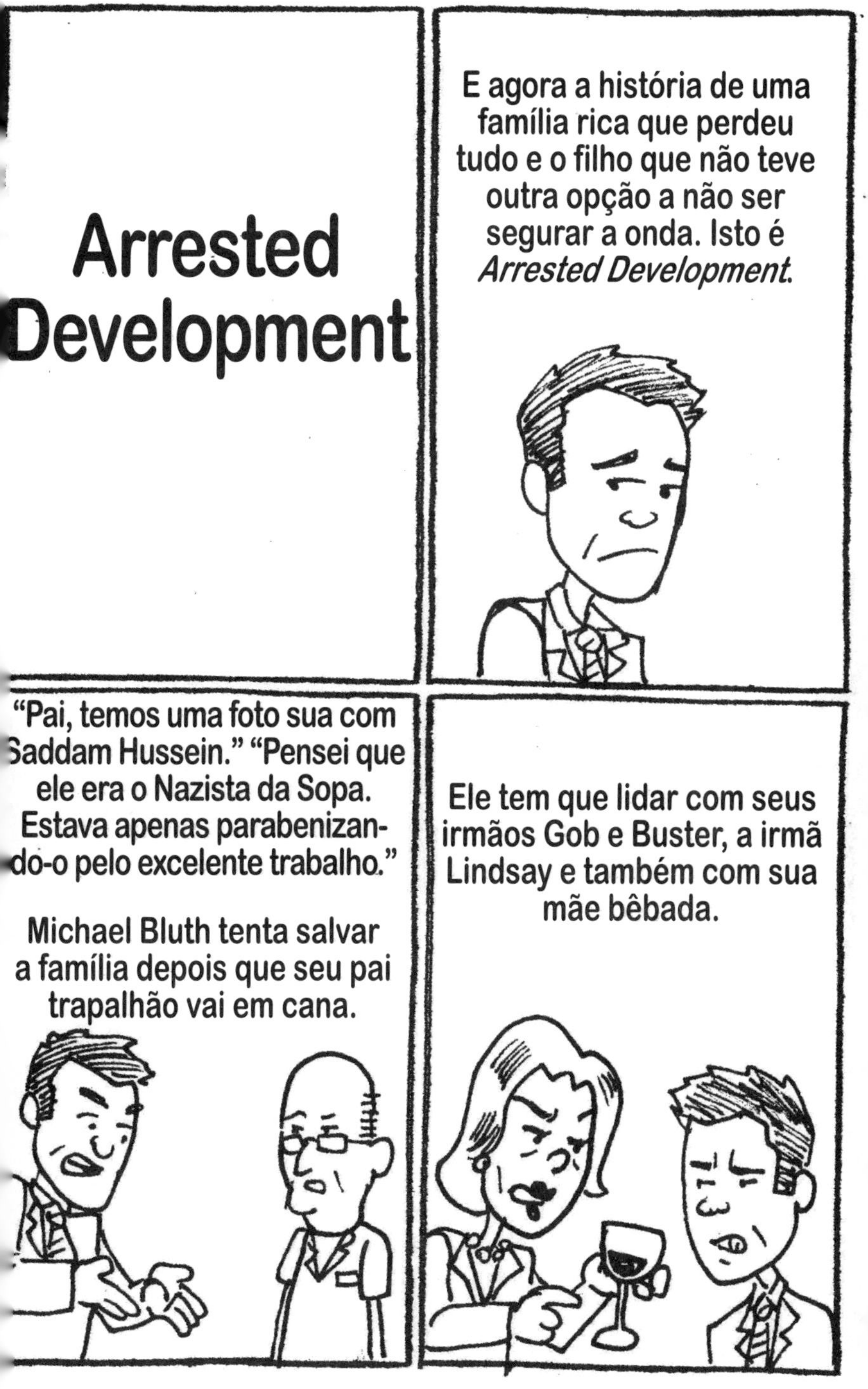
Arrested Development
E agora a história de uma família rica que perdeu tudo e o filho que não teve outra opção a não ser segurar a onda. Isto é *Arrested Development*.
"Pai, temos uma foto sua com Saddam Hussein." "Pensei que ele era o Nazista da Sopa. Estava apenas parabenizando-o pelo excelente trabalho."
Michael Bluth tenta salvar a família depois que seu pai trapalhão vai em cana.
Ele tem que lidar com seus irmãos Gob e Buster, a irmã Lindsay e também com sua mãe bêbada.

178

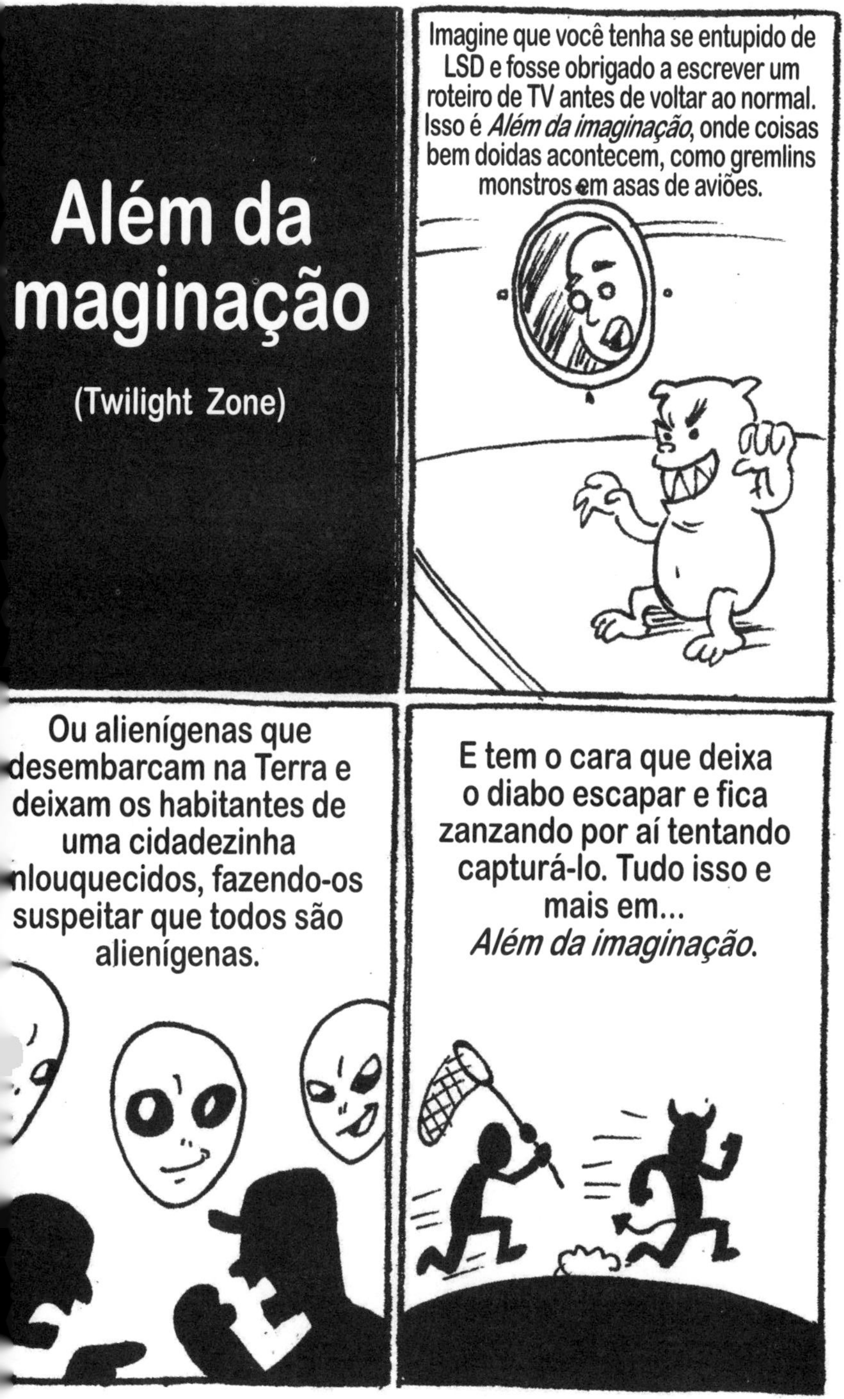
Além da
maginação
(Twilight Zone)
Imagine que você tenha se entupido de LSD e fosse obrigado a escrever um roteiro de TV antes de voltar ao normal. Isso é *Além da imaginação*, onde coisas bem doidas acontecem, como gremlins monstros em asas de aviões.
Ou alienígenas que desembarcam na Terra e deixam os habitantes de uma cidadezinha nlouquecidos, fazendo-os suspeitar que todos são alienígenas.
E tem o cara que deixa o diabo escapar e fica zanzando por aí tentando capturá-lo. Tudo isso e mais em...
Além da imaginação.

180

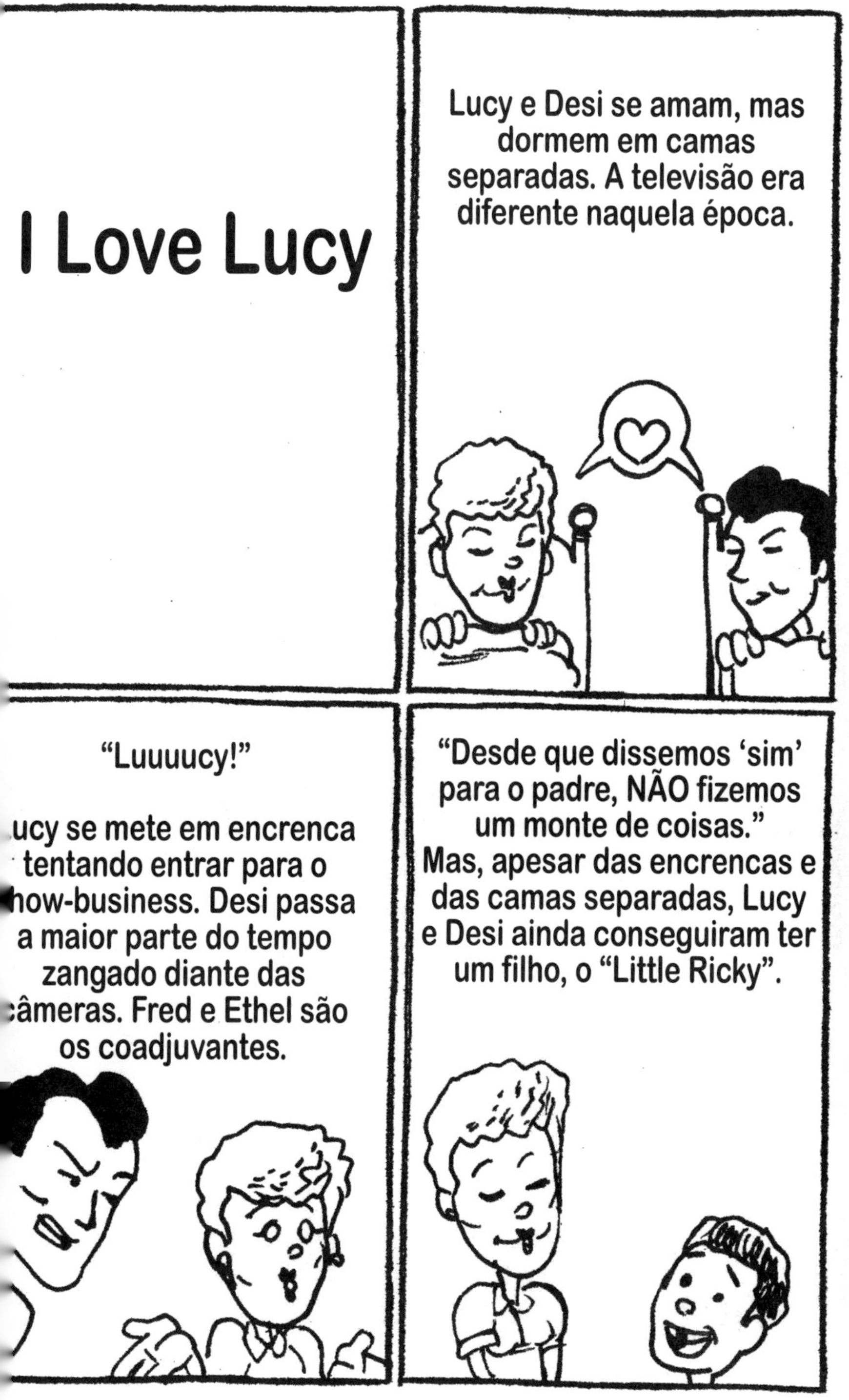
I Love Lucy
Lucy e Desi se amam, mas dormem em camas separadas. A televisão era diferente naquela época.
“Luuuucy!”
ucy se mete em encrenca tentando entrar para o how-business. Desi passa a maior parte do tempo zangado diante das âmeras. Fred e Ethel são os coadjuvantes.
“Desde que dissemos ‘sim’ para o padre, NÃO fizemos um monte de coisas.”
Mas, apesar das encrencas e das camas separadas, Lucy e Desi ainda conseguiram ter um filho, o “Little Ricky”.

182

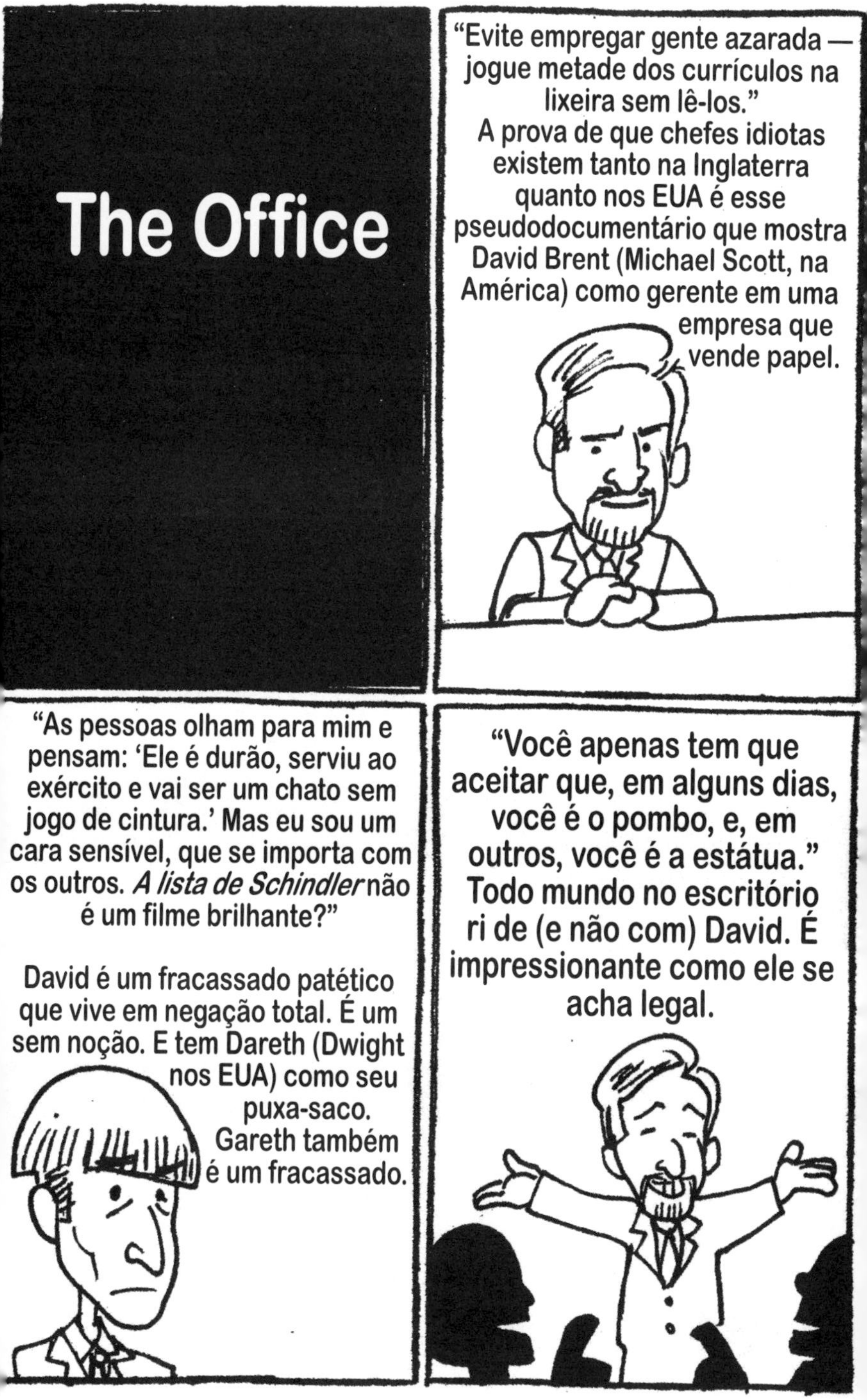
The Office
"Evite empregar gente azarada — jogue metade dos currículos na lixeira sem lê-los."
A prova de que chefes idiotas existem tanto na Inglaterra quanto nos EUA é esse pseudodocumentário que mostra David Brent (Michael Scott, na América) como gerente em uma empresa que vende papel.
"As pessoas olham para mim e pensam: 'Ele é durão, serviu ao exército e vai ser um chato sem jogo de cintura.' Mas eu sou um cara sensível, que se importa com os outros. *A lista de Schindler* não é um filme brilhante?"
David é um fracassado patético que vive em negação total. É um sem noção. E tem Dareth (Dwight nos EUA) como seu puxa-saco. Gareth também é um fracassado.
"Você apenas tem que aceitar que, em alguns dias, você é o pombo, e, em outros, você é a estátua."
Todo mundo no escritório ri de (e não com) David. É impressionante como ele se acha legal.

184

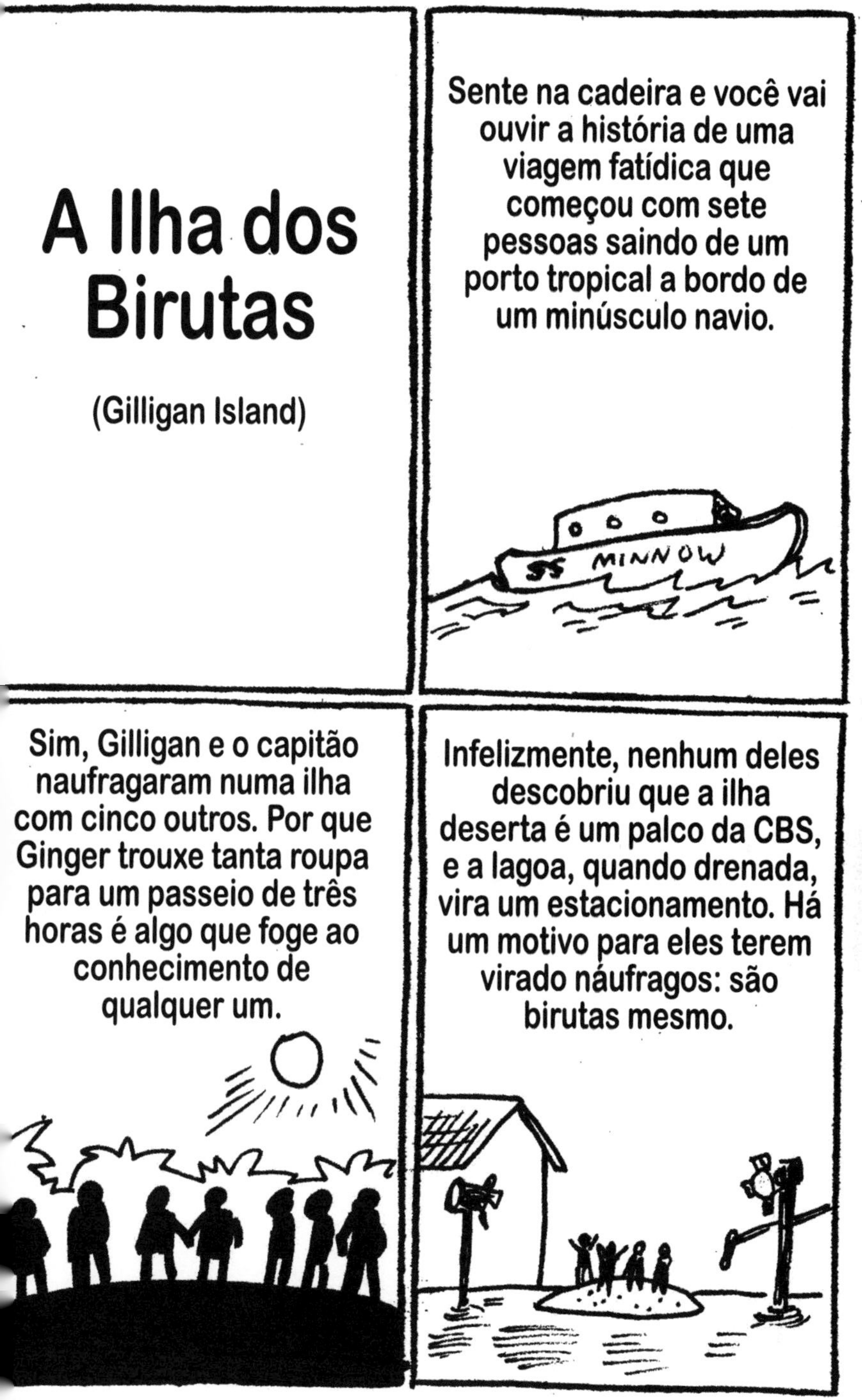
A Ilha dos Birutas
(Gilligan Island)
Sente na cadeira e você vai ouvir a história de uma viagem fatídica que começou com sete pessoas saindo de um porto tropical a bordo de um minúsculo navio.
SS MINNOW
Sim, Gilligan e o capitão naufragaram numa ilha com cinco outros. Por que Ginger trouxe tanta roupa para um passeio de três horas é algo que foge ao conhecimento de qualquer um.
Infelizmente, nenhum deles descobriu que a ilha deserta é um palco da CBS, e a lagoa, quando drenada, vira um estacionamento. Há um motivo para eles terem virado náufragos: são birutas mesmo.

186

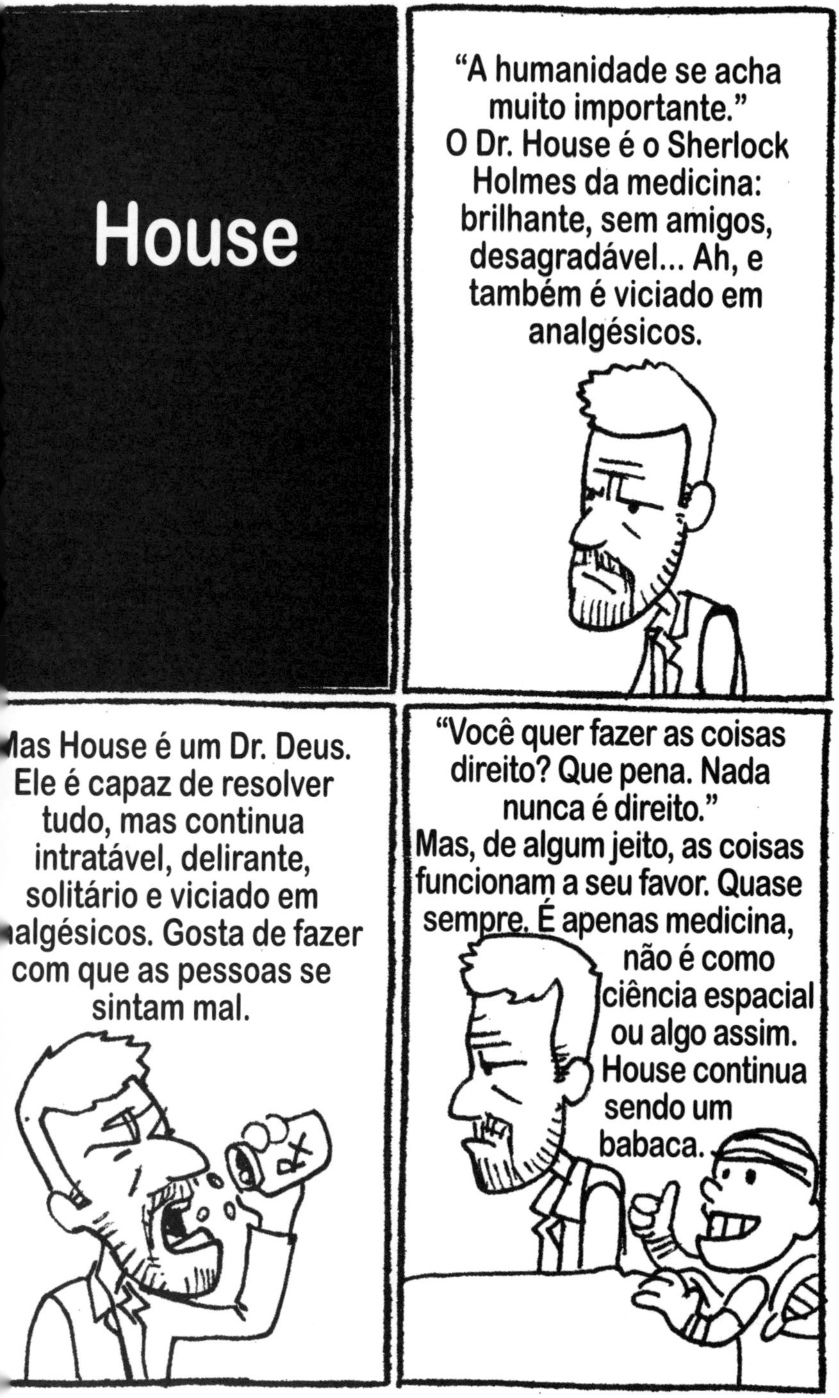
House
“A humanidade se acha muito importante.” O Dr. House é o Sherlock Holmes da medicina: brilhante, sem amigos, desagradável... Ah, e também é viciado em analgésicos.
Mas House é um Dr. Deus. Ele é capaz de resolver tudo, mas continua intratável, delirante, solitário e viciado em nalgésicos. Gosta de fazer com que as pessoas se sintam mal.
“Você quer fazer as coisas direito? Que pena. Nada nunca é direito.” Mas, de algum jeito, as coisas funcionam a seu favor. Quase sempre. É apenas medicina, não é como ciência espacial ou algo assim. House continua sendo um babaca.

188

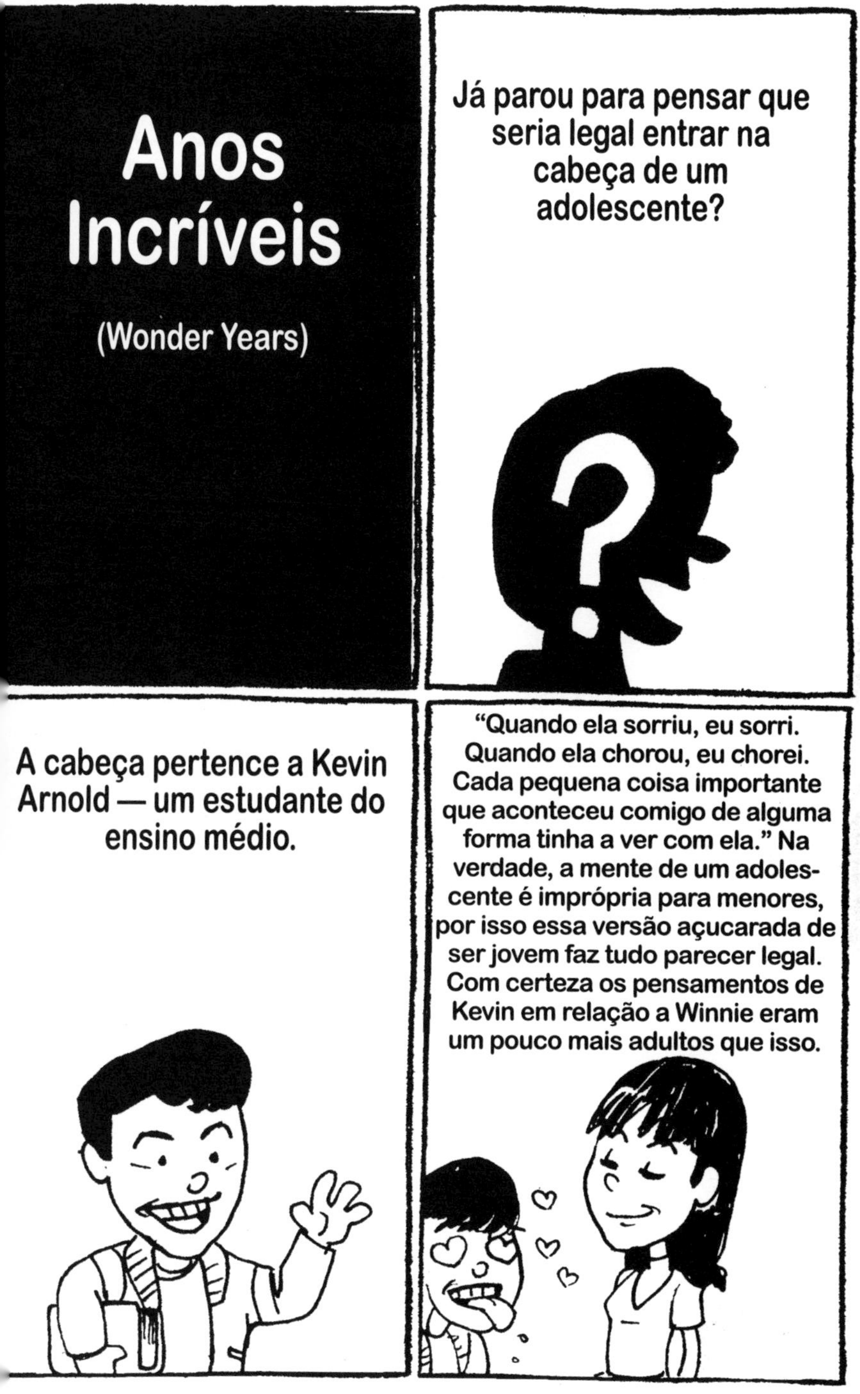
Anos Incríveis
(Wonder Years)
Já parou para pensar que seria legal entrar na cabeça de um adolescente?
A cabeça pertence a Kevin Arnold — um estudante do ensino médio.
"Quando ela sorriu, eu sorri. Quando ela chorou, eu chorei. Cada pequena coisa importante que aconteceu comigo de alguma forma tinha a ver com ela." Na verdade, a mente de um adolescente é imprópria para menores, por isso essa versão açucarada de ser jovem faz tudo parecer legal. Com certeza os pensamentos de Kevin em relação a Winnie eram um pouco mais adultos que isso.

190

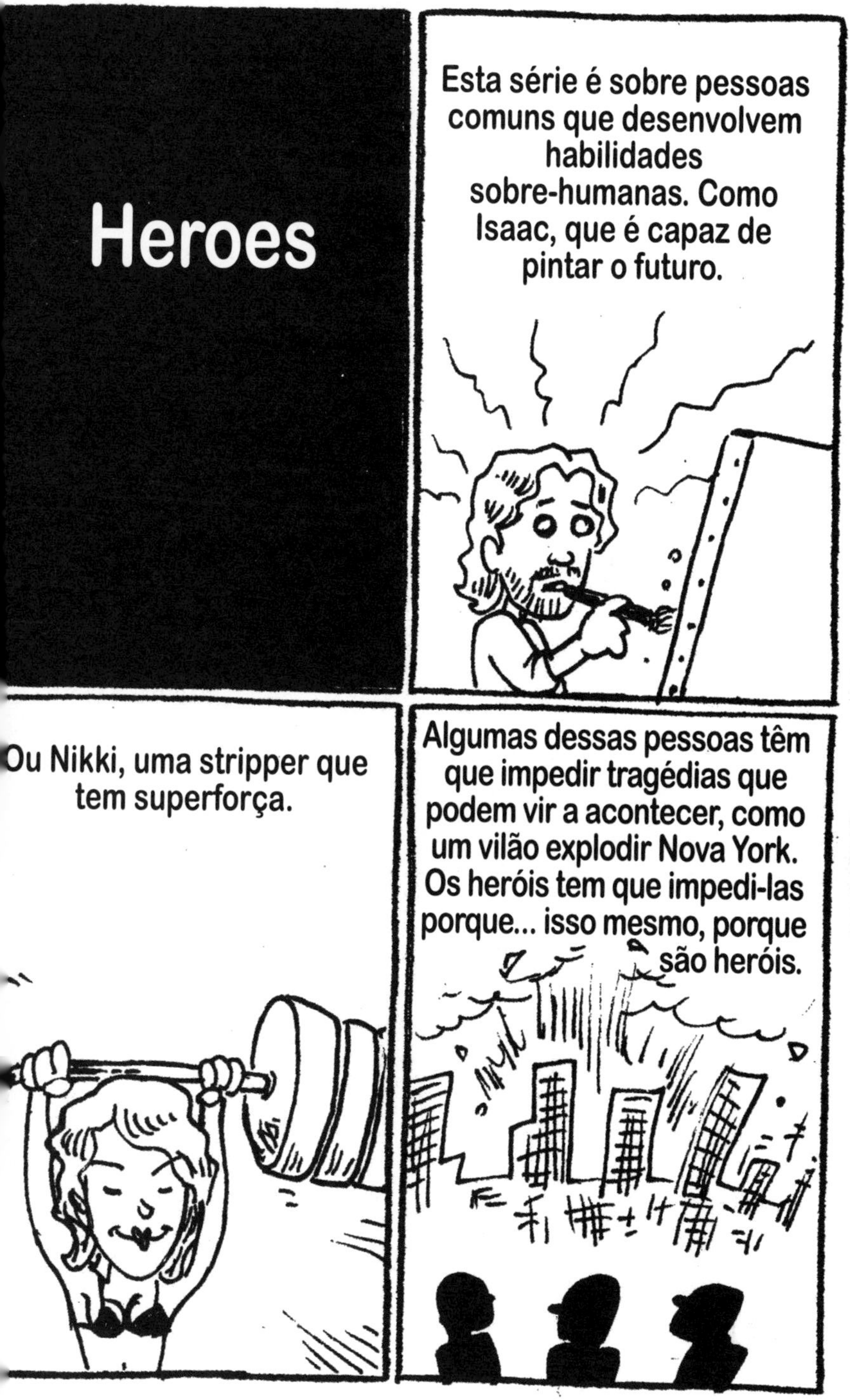
Heroes
Esta série é sobre pessoas comuns que desenvolvem habilidades sobre-humanas. Como Isaac, que é capaz de pintar o futuro.
Ou Nikki, uma stripper que tem superforça.
Algumas dessas pessoas têm que impedir tragédias que podem vir a acontecer, como um vilão explodir Nova York. Os heróis tem que impedi-las porque... isso mesmo, porque são heróis.

192

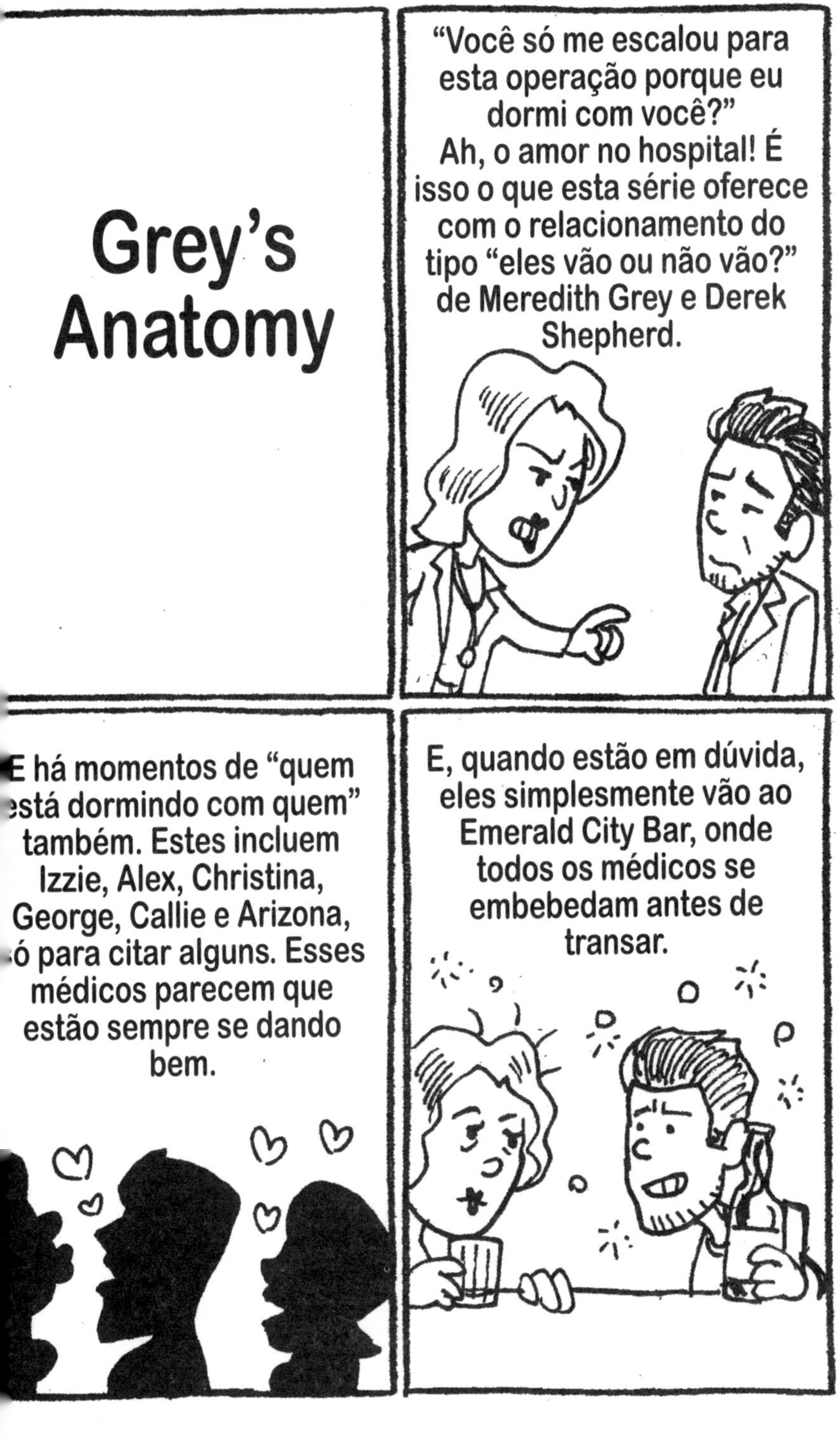
Grey's Anatomy
"Você só me escalou para esta operação porque eu dormi com você?" Ah, o amor no hospital! É isso o que esta série oferece com o relacionamento do tipo "eles vão ou não vão?" de Meredith Grey e Derek Shepherd.
E há momentos de "quem está dormindo com quem" também. Estes incluem Izzie, Alex, Christina, George, Callie e Arizona, só para citar alguns. Esses médicos parecem que estão sempre se dando bem.
E, quando estão em dúvida, eles simplesmente vão ao Emerald City Bar, onde todos os médicos se embebedam antes de transar.

194

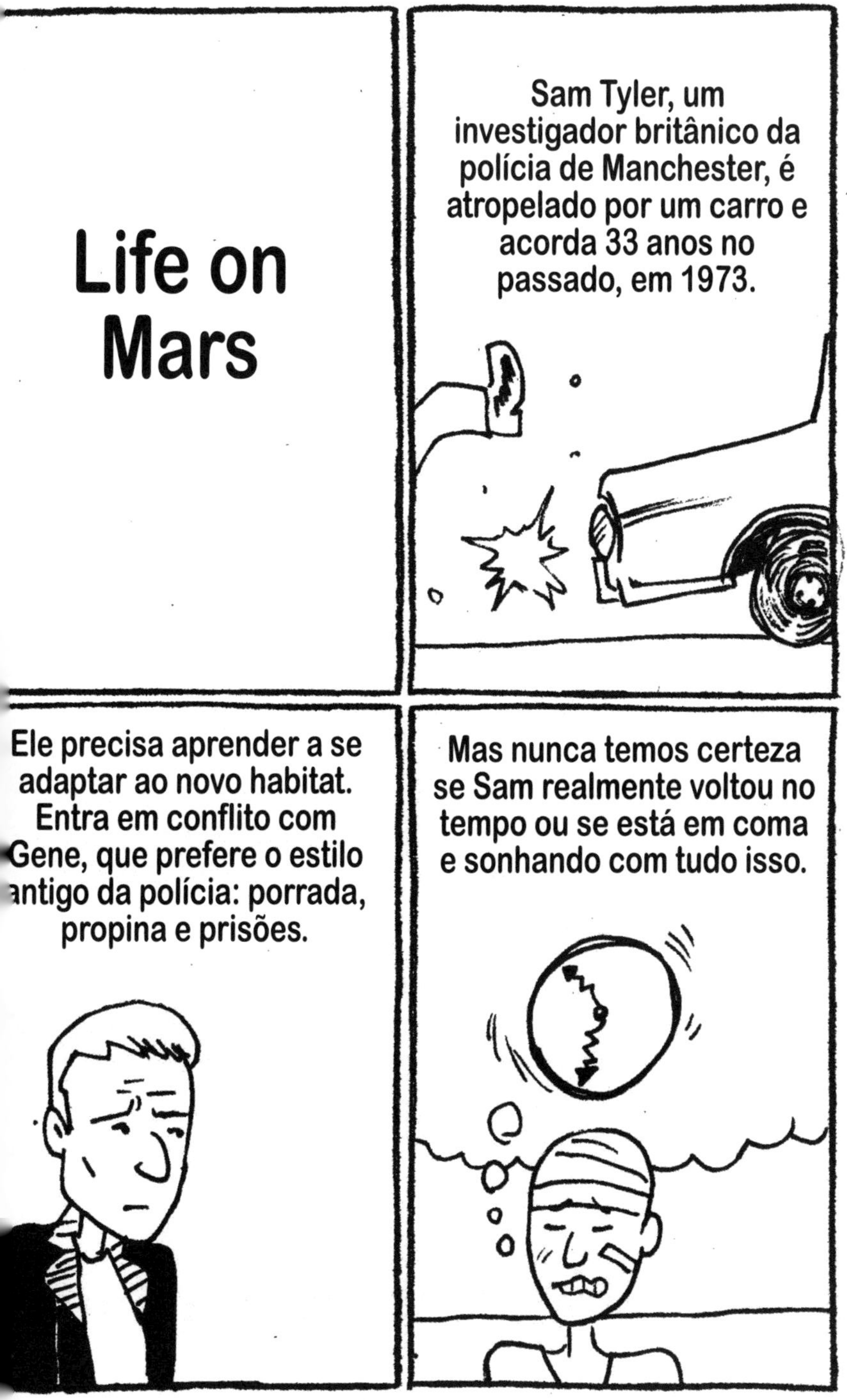

Life on Mars
Sam Tyler, um investigador britânico da polícia de Manchester, é atropelado por um carro e acorda 33 anos no passado, em 1973.
Ele precisa aprender a se adaptar ao novo habitat. Entra em conflito com Gene, que prefere o estilo antigo da polícia: porrada, propina e prisões.
Mas nunca temos certeza se Sam realmente voltou no tempo ou se está em coma e sonhando com tudo isso.

196

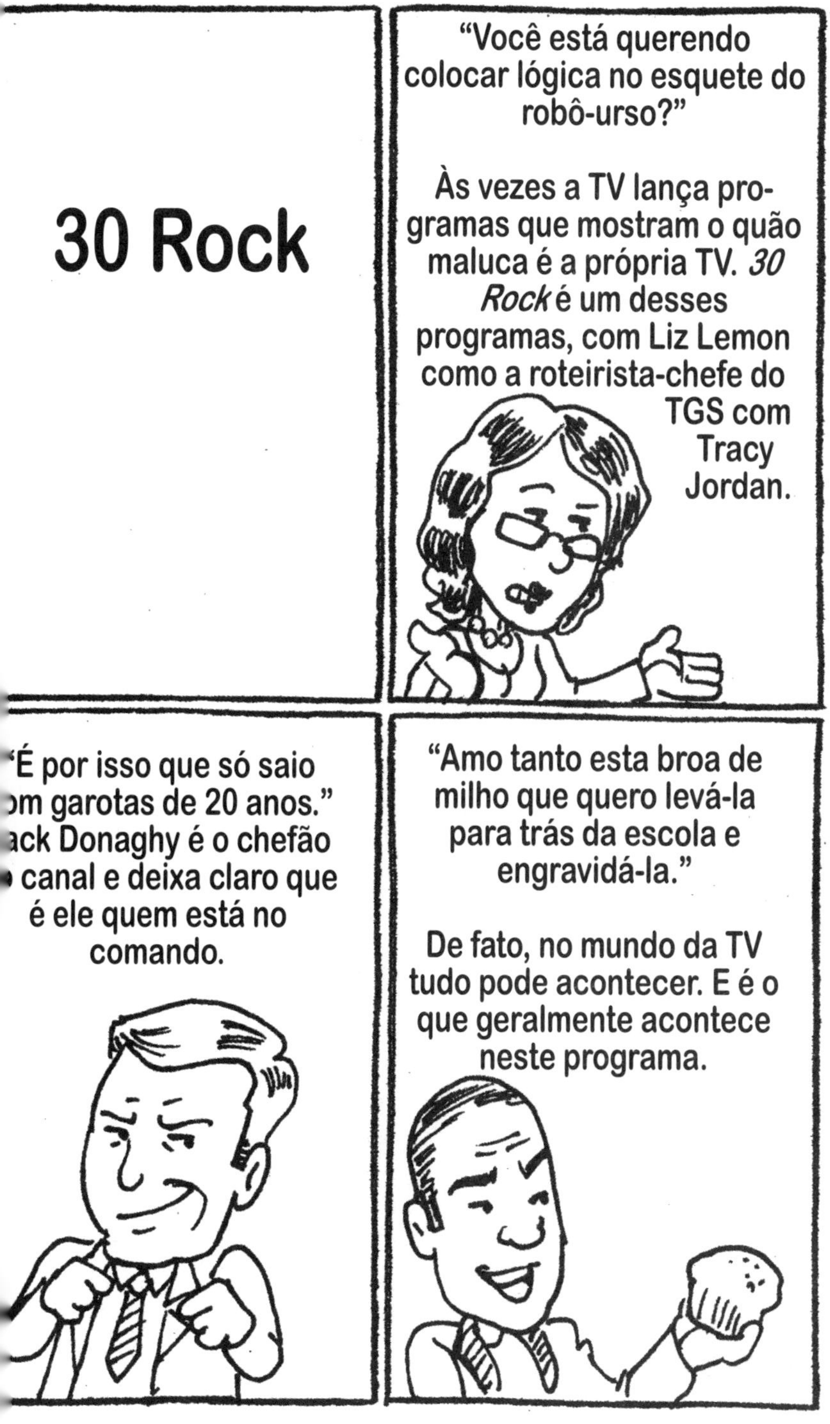
30 Rock
“Você está querendo colocar lógica no esquete do robô-urso?”
Às vezes a TV lança programas que mostram o quão maluca é a própria TV. *30 Rock* é um desses programas, com Liz Lemon como a roteirista-chefe do TGS com Tracy Jordan.
“É por isso que só saio
m garotas de 20 anos.”
ack Donaghy é o chefão
canal e deixa claro que
é ele quem está no comando.
“Amo tanto esta broa de milho que quero levá-la para trás da escola e engravidá-la.”
De fato, no mundo da TV tudo pode acontecer. E é o que geralmente acontece neste programa.

198

Guerra, Sombra e Água Fresca

(Hogan's Heroes)

Eis uma grande ideia: vamos fazer uma comédia sobre um campo de prisioneiros na Segunda Guerra Mundial. Aquela foi uma guerra divertida, não? O coronel Hogan é um prisioneiro, mas na real é ele quem dá as cartas no Stalag 13.

"Schultz, eles vão para a geladeira. Jogue a chave fora." "Mas eles não têm direito a um julgamento ou algo parecido?" "Aqui é a Alemanha. Mas até que aprecio seu senso de humor."

Os personagens usam o campo para espionar. Eles tiram vantagem do coronel Klink, o comandante alemão.

Hogan e seus companheiros usam o Stalag 13 como um clube de luxo. Ninguém quer sair. Para que fugir e lutar se a gente pode viver numa boa atrás de uma cerca de arame farpado?

200

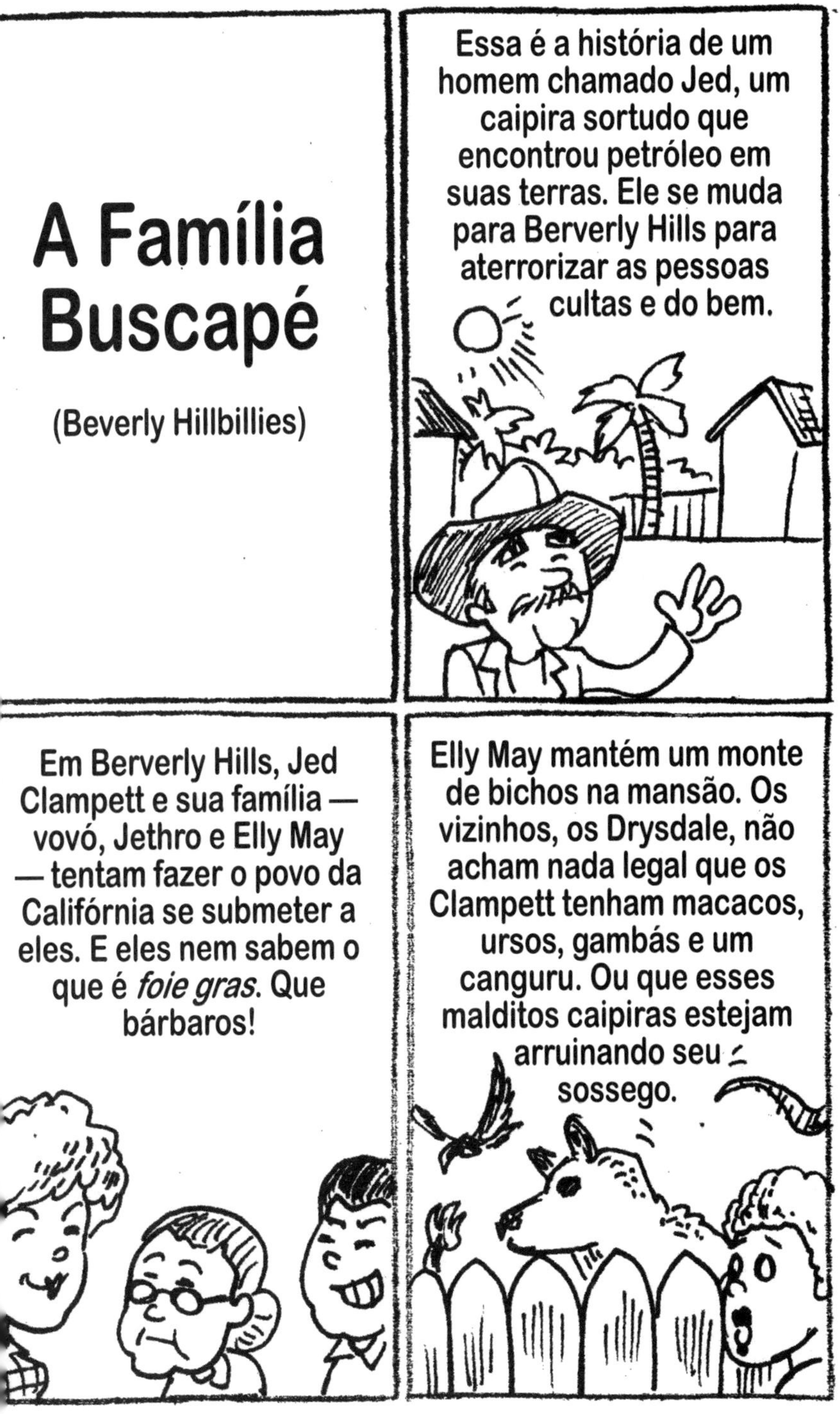
A Família Buscapé
(Beverly Hillbillies)
Essa é a história de um homem chamado Jed, um caipira sortudo que encontrou petróleo em suas terras. Ele se muda para Berverly Hills para aterrorizar as pessoas cultas e do bem.
Em Berverly Hills, Jed Clampett e sua família — vovó, Jethro e Elly May — tentam fazer o povo da Califórnia se submeter a eles. E eles nem sabem o que é *foie gras*. Que bárbaros!
Elly May mantém um monte de bichos na mansão. Os vizinhos, os Drysdale, não acham nada legal que os Clampett tenham macacos, ursos, gambás e um canguru. Ou que esses malditos caipiras estejam arruinando seu sossego.

202

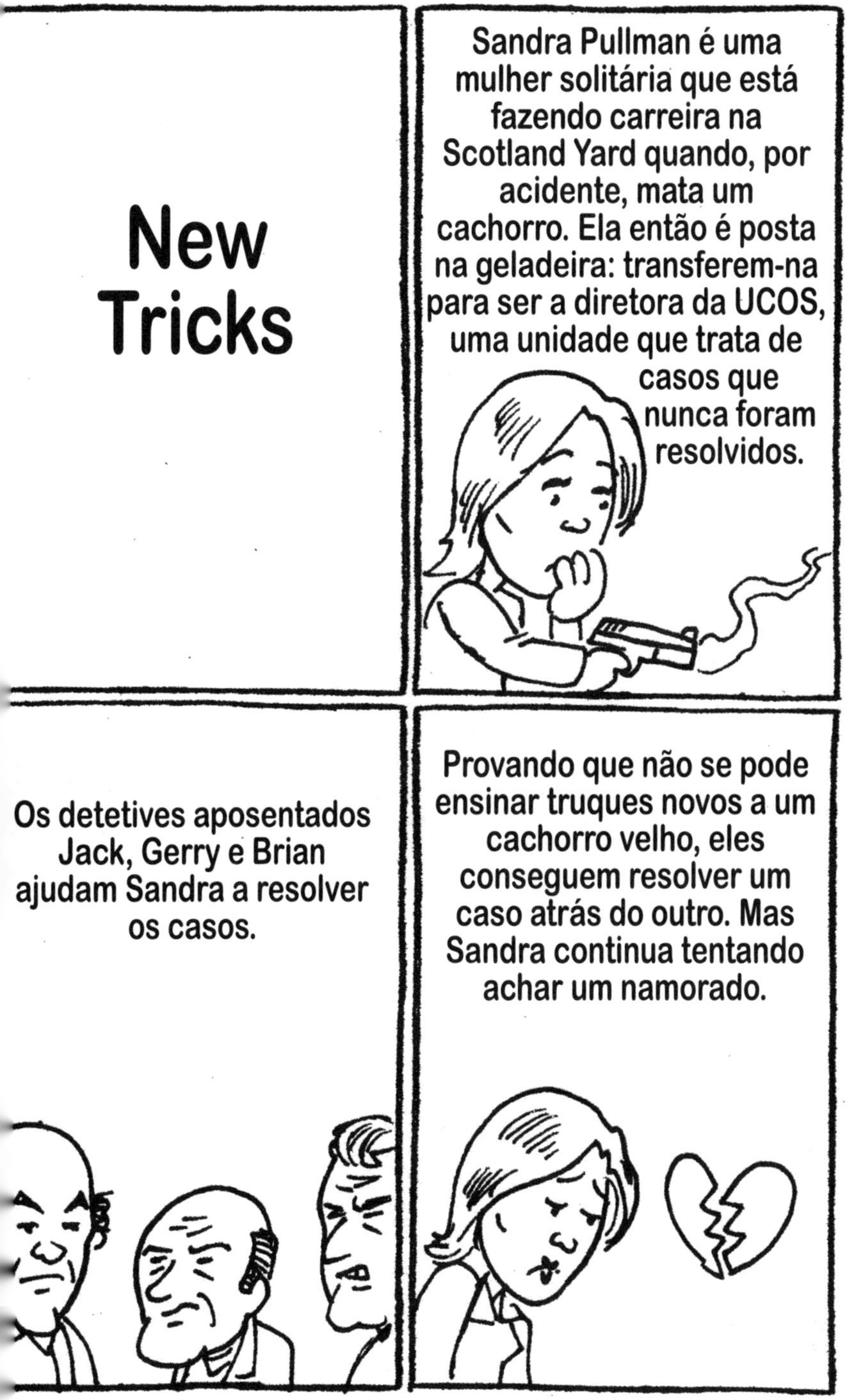
New Tricks
Sandra Pullman é uma mulher solitária que está fazendo carreira na Scotland Yard quando, por acidente, mata um cachorro. Ela então é posta na geladeira: transferem-na para ser a diretora da UCOS, uma unidade que trata de casos que nunca foram resolvidos.
Os detetives aposentados Jack, Gerry e Brian ajudam Sandra a resolver os casos.
Provando que não se pode ensinar truques novos a um cachorro velho, eles conseguem resolver um caso atrás do outro. Mas Sandra continua tentando achar um namorado.

204

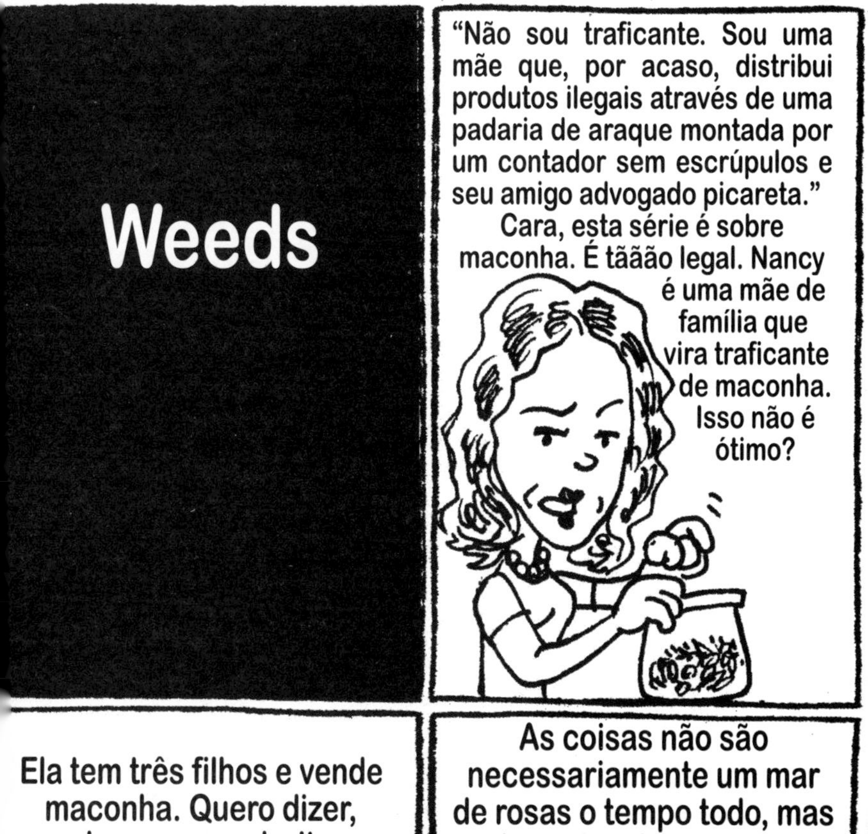
Weeds
“Não sou traficante. Sou uma mãe que, por acaso, distribui produtos ilegais através de uma padaria de araque montada por um contador sem escrúpulos e seu amigo advogado picareta.”
Cara, esta série é sobre maconha. É tãããão legal. Nancy é uma mãe de família que vira traficante de maconha. Isso não é ótimo?
Ela tem três filhos e vende maconha. Quero dizer, se ela comesse doritos e jogasse truco seria a perfeita imagem da mãe mais legal do mundo. Mas ela trafica maconha.
CHIPS
As coisas não são necessariamente um mar de rosas o tempo todo, mas ainda assim ela vende muita maconha. Nota: não é preciso fumar para assistir ao show, mas ajuda bastante.

Este livro foi composto na tipologia
Arial Rounded Mt Bold, em corpo 14 e
impresso em papel off-set 90g/m², na
Markgraph.